GÜTERSDIE
LOHERVISION
VERLAGSEINER
HAUSNEUENWELT

Christian Röther
Wenn die Wahrheit Kopf steht
Die Islamfeindlichkeit
von AfD, Pegida & Co.

Inhalt

Prolog in Dresden 6

Ankunft und Abwehr
– Islam in Deutschland 9

Wütende Deutsche
– Die antiislamische Bewegung 19

Gegen den »Fremdkörper«
– Die *Alternative für Deutschland* 31

Dresden ist überall
– Die *Pegida*-Bewegung 39

Im Zerrspiegel
– Der Islam seiner Gegner 50

Das Böse an sich
– Die antiislamische Theologie 61

»Nazislam«
– Das antiislamische Geschichtsverständnis 71

Islamfreiheit
– Die Ziele der Islamgegner 78

Gewaltsame Aufklärung?
– Die Wege der Islamgegner 89

Die »Wahnsinnsrepublik«
– Lügen, Presse und Islamgegner 102

Fundamentalopposition
– Gegen »Altparteien« und »Scharia-Justiz« 109

Auf der Bühne
– Quotengarant Islamklischee 118

Sendungsbewusstsein
– Antiislamische Biografien...130

Christlich-jüdisch?
– Islamgegner und Religionen 138

Der Feind meines Feindes
– Rechts, links, Islam 150

Von Washington bis Wertheim
– Die transatlantische Allianz 161

Retter des Abendlandes
– Antiislamische Weltbilder..169

Epiloge in Stuttgart 180

Literaturhinweise 187

Dank 189

Prolog in Dresden

Kälte herrscht. Die beiden Männer tragen dunkle Anoraks und haben ihre schwarzen Mützen tief ins Gesicht gezogen. Die Augen des einen Mannes sind von einer Sonnenbrille verdeckt, obwohl es bereits dunkel ist. Über seine Schulter hält er eine schwarz-rot-goldene Fahne. Sein Begleiter wirkt etwas älter, vielleicht Anfang 70. Er trägt eine Holzlatte, an der er ein Plakat befestigt hat. Einfache schwarze Handschrift auf weißem Grund mit einer gelben Umrandung. Es hebt sich ab vom schwarzen Nachthimmel über der Elbe. Zu lesen ist »Islam = Karzinom«. Es ist Montag in Dresden. Die beiden Männer sind zwei von 200, 2.000 oder 20.000.

Ein Karzinom ist ein Krebsgeschwür. Man muss es herausoperieren und hoffen, dass es nicht streut, oder es mit anderen Therapien bekämpfen. Verliert man den Kampf, verliert man früher oder später auch sein Leben. Den Islam ein Karzinom zu nennen, macht ihn zu einer existenziellen Bedrohung. Zugleich ist es ein Handlungsaufruf: Entweder man geht gegen die kranke Religion vor oder man geht unter. Der ältere Mann mit der schwarzen Mütze ruft seine Mitmenschen also dazu auf, gegen die seiner Auffassung nach tödliche Bedrohung Islam aktiv zu werden. Sein Ziel kann nur eine vollständige Auslöschung der Religion sein, denn es wäre fahrlässig, von einem Krebsgeschwür Rückstände zu belassen. Ob er den Islam nur aus Sachsen, aus Deutschland oder der ganzen Welt entfernen will, bleibt offen – ebenso, welche Mittel er dafür in Betracht zieht. Das Plakat ist eine simple und zugleich radikale Zuspitzung von Ansichten, wie sie bei den Kundgebungen von *Pegida*, den *Patriotischen Europäern gegen die Islamisierung des Abendlandes*, Woche um Woche wiederholt werden. Diese Ansichten sind nicht nur in Dresden zu vernehmen, sondern auch bei Demonstrationen in anderen Städten, an Stammtischen, in Parteiprogrammen, Bestsellern, Talkshows und massenhaft im Internet.

Die Menschen, die sich an den *Pegida*-Demonstrationen in Dresden beteiligen, haben derweil noch ganz andere Sorgen als den Islam. Sie wollen beispielsweise weniger Flüchtlinge, mehr Rente, andere Politikerinnen und Politiker, den Bruch mit der EU und die Annäherung an Russland. Befragungen durch Politikwissenschaftler der *Technischen Universität Dresden* haben ergeben, dass zu Beginn der Proteste nur für jeden vierten Demonstrierenden der Islam ein Grund war, zu *Pegida* zu gehen. Doch warum werden dann all diese Wünsche und Probleme – von Russland bis Rente – auf den Islam projiziert? Warum werden sie unter dem Schlagwort »Islamisierung« zusammengefasst? Wie konnte eine Religion zum Ventil ganz unterschiedlicher Ängste werden?

Ein ähnliches Islambild wie bei *Pegida* zeigt sich bei der *Alternative für Deutschland*. Die junge Partei hat sich von einer Anti-Euro-Partei zur Anti-Flüchtlings- und Anti-Islam-Partei entwickelt. Sie sitzt bereits im Europaparlament und in zehn deutschen Landtagen. Im Herbst 2017 wird sie aller Voraussicht nach auch in den Bundestag einziehen. Damit hätte die islamfeindliche Bewegung eine Stimme im deutschen Parlament. Auch hier stellt sich die Frage: Wieso befasst sich die AfD ausgerechnet mit dem Islam?

Dieses Buch liefert Einblicke in die Welt der Islamgegner. Es gibt diese Welt nicht erst seit *Pegida* und AfD, vielmehr sind dies nur die jüngsten und bekanntesten antiislamischen Gruppierungen. Seit Jahrzehnten arbeiten Aktivistinnen und Aktivisten an einer antiislamischen Ausrichtung der Politik, jetzt haben sie in *Pegida* und AfD die bislang wirkmächtigsten Instrumente dafür gefunden. Zugleich messen Meinungsforscher in der Bevölkerung wachsende Ressentiments gegenüber Islam und Muslimen. Viele antiislamische Aktivisten wollen ein Deutschland ohne Islam, womit sie den sozialen Frieden gefährden und zur Radikalisierung der Gesellschaft beitragen.

»Wenn die Wahrheit Kopf steht« beruht auf mehrjährigen Recherchen im antiislamischen Milieu sowie ausführlichen Interviews mit Aktivistinnen und Aktivisten. Einige Interviews wurden für die Veröffentlichung anonymisiert. Auch die genannten Vornamen sind nicht die tatsächlichen. Das Buch berücksichtigt Ereignisse bis zum Jahreswechsel 2016/17.

Es legt Denkweisen, Strukturen und Ziele der Islamgegner offen und will ihre Weltsicht – ihre Wahrheit – nachvollziehen und verständlich machen. Die gesellschaftlichen Debatten, nicht nur über den Islam, leiden unter Polemiken, Polarisierungen und Anfeindungen. Die Kontrahenten radikalisieren sich wechselseitig und entfernen sich voneinander. Um diese Konflikte zu entschärfen, wäre es jedoch notwendig, das Gegenüber zu verstehen, wenn man ihm auch nicht zustimmt. Das ist Anspruch dieses Buches.

ANKUNFT UND ABWEHR
– Islam in Deutschland

Damals in Dresden
Am Rande der Dresdner Altstadt, die nach zahlreichen Restaurationen wieder stolz ihre barocke Pracht zur Schau trägt, fällt ein wuchtiges Bauwerk seltsam aus dem Panorama. Es zählt sieben Stockwerke, wird von einer Kuppel aus buntem Glas gekrönt und von sieben spitzen Türmen eingerahmt, der höchste misst 62 Meter: die sogenannte »Tabakmoschee«. Sie ist dort schon seit über einhundert Jahren beheimatet, wurde bei den Bombenangriffen vom 13. und 14. Februar 1945 stark beschädigt und 1996 wieder in Stand gesetzt. Eine richtige Moschee war das Gebäude allerdings nie, sondern eine Zigarettenfabrik. Das höchste »Minarett« fungierte tatsächlich als Schornstein.

Ab 1907 ließ der Unternehmer Hugo Zietz die Fabrik für seine Tabakfirma *Yenidze* bauen. Architektonisches Vorbild soll eine Grabmoschee in Kairo gewesen sein. Die »Tabakmoschee«, wie der Volksmund sie taufte, ist Ausdruck einer vergangenen Faszination für den Orient. Heute sind dort Büros und Gastronomie untergebracht. Von »Dresdens höchstem Biergarten« aus liegt einem die Stadt zu Füßen. Unten zieht gelegentlich *Pegida* vorbei, um die Mitarbeiter des benachbarten Pressehauses des Lügens zu bezichtigen.

Deutschlands erste echte Moschee wurde unterdessen 1915 im brandenburgischen Wünsdorf gezimmert. Das Holzgebäude war Teil des sogenannten »Halbmondlagers«, in dem im Ersten Weltkrieg bis zu

30.000 Kriegsgefangene inhaftiert waren. Der Großteil der Gefangenen waren Muslime, daher der Name des Lagers. Das Deutsche Kaiserreich wollte die Muslime gut behandeln, um sie zum Überlaufen gegen ihre Kolonialherrscher Frankreich und Großbritannien zu bewegen, und spendierte deshalb auch ein Gotteshaus. Der Erfolg dieser Strategie hielt sich jedoch in Grenzen, und das morsche Gebäude wurde in den 1920ern wieder abgerissen.

Deutschlands älteste noch existierende Moschee steht rund 40 Kilometer von Wünsdorf entfernt. In Berlin-Wilmersdorf durfte die *Gesellschaft für islamische Gottesverehrung* sie 1924 errichten. Die Gesellschaft stand der Ahmaddiya nahe, einer in Indien zur britischen Kolonialzeit entstandenen, also vergleichsweise jungen Strömung des Islams. Ihre Moschee soll an das indische Taj Mahal erinnern und wird von zwei Minaretten von je 32 Metern Höhe flankiert. Zunächst wurde sie von immigrierten Studenten und Akademikern sowie deutschen Konvertiten genutzt. Die Zahl der Muslime war in Deutschland während der Weimarer Republik noch sehr überschaubar.

Das änderte sich mit dem Zuzug der sogenannten Gastarbeiter in die junge Bundesrepublik. Tausende kamen, unter ihnen auch viele Muslime, vor allem aus der Türkei. Zunächst hatten die Männer (und wenigen Frauen) nicht nur ihre Familien, sondern gewissermaßen auch ihre Religionen in der Heimat gelassen. Doch allmählich wurde Deutschland zum neuen Zuhause. Angehörige zogen nach, Kinder wurden geboren und irgendwann auch die ersten Gebetsräume eingerichtet. Meist wurden Wohnungen oder Industriegebäude zu Moscheen und Gemeindezentren umgestaltet.

Der Großteil der Moscheen in Deutschland besteht heute noch immer in Bauten, die zunächst anderen Zwecken gedient hatten. Schätzungen gehen derzeit von 2.500 bis 3.000 Moscheen in Deutschland aus, von denen nicht einmal jede zehnte Kuppel und Minarett besitzt. Doch als die ersten äußerlich erkennbaren und repräsentativen Moscheen entstanden, wurde den Deutschen allmählich bewusst, dass mit den ehemaligen Gastarbeitern auch eine neue Religion in ihrem Land angekommen war.

Wie viele Muslime leben in Deutschland?
Die Zahl der Muslime in Deutschland wird zumeist mit vier bis fünf Millionen angegeben. Dabei bleibt abzuwarten, welche Auswirkungen der Zuzug von Geflüchteten seit dem Jahr 2015, u. a. in Folge des Syrien-Krieges, auf die Zusammensetzung der Bevölkerung hat. Etwa die Hälfte der Muslime in Deutschland besitzt laut der Studie »Muslimisches Leben in Deutschland« (2009) die deutsche Staatsbürgerschaft. Der *Religionswissenschaftliche Medien- und Informationsdienst* schätzt, dass in der Bundesrepublik 2,6 Millionen Sunniten leben. Die sunnitischen Muslime bilden weltweit die größte Strömung des Islams. Gefolgt werden sie in Deutschland von einer halben Million Aleviten. Bei dem Alevitentum handelt es sich um eine Richtung des Islams, die vor allem in der Türkei beheimatet ist. Außerdem lebt in Deutschland eine Viertelmillion Schiiten, deren Ursprungsregion der Iran und der Irak ist. Die Zahl der Salafisten in Deutschland, einer radikalen Strömung des sunnitischen Islams, ist laut dem Verfassungsschutz mit etwa 8.350 deutlich geringer, steigt allerdings kontinuierlich an.

Sunniten, Schiiten und Aleviten sind in sich keine homogenen Gruppen, sondern unterteilen sich in theologische Schulen, nationale und regionale Zugehörigkeiten sowie Verbände und Vereine. Daneben existiert in Deutschland eine ganze Reihe kleinerer islamischer Strömungen wie die Ahmaddiya, der Sufismus oder das Alawitentum. Dabei bleibt offen, ob alle vier bis fünf Millionen Menschen sich tatsächlich als Muslime verstehen und ihre Religion praktizieren oder ob sie lediglich eine muslimische Abstammung haben. Es gibt beim Islam in Deutschland keine formalen Zugehörigkeiten wie bei den christlichen Kirchen. Die Studie »Muslimisches Leben in Deutschland« stellt fest, dass nur jeder fünfte Muslim in Deutschland in religiösen Gemeinden und Vereinen organisiert ist. Die Zahlen über die Gruppenzugehörigkeiten der (vermeintlichen) Muslime sind deshalb mit Fragezeichen zu versehen.

Dennoch ist die Anwesenheit von Muslimen in Deutschland auch über Moscheebauten hinaus erkennbar, so am islamischen Religionsunterricht an immer mehr Schulen und am Studiengang Islamische Theologie an mehreren Universitäten. Als erste islamische Religionsgemeinschaft erhielt die *Ahmadiyya Muslim Jamaat* im Jahr 2013 in Hessen den Status einer Körperschaft öffentlichen Rechts.

Angst und Abwehr
Wenn neue Religionen in einer Gesellschaft auftauchen, ruft das in der Regel Reaktionen hervor: Neugier, Faszination oder Gleichgültigkeit, nicht selten aber auch Misstrauen, Angst und Abwehr. Ein negatives Islambild besteht in Deutschland allerdings nicht erst,

seitdem Muslime hier leben. Polemiken und Stereotype sind Jahrhunderte alt, als Ursprünge gelten die Kriege zwischen christlichen und islamischen Staaten im Mittelalter und zu Beginn der Neuzeit.

Prägend waren die arabisch-maurische Herrschaft auf der iberischen Halbinsel (711-1492) und für den deutschsprachigen Raum vor allem die sogenannten »Türkenkriege« in Süd- und Osteuropa vom 16. bis zum 18. Jahrhundert. Martin Luther (1483-1546) sah im Osmanischen Reich, das damals Wien zu erobern versuchte, ein Werk des Antichristen. Die Angst vor einer islamischen Eroberung ist dadurch tief im kulturellen Gedächtnis verwurzelt.

Das zeigt sich auch in literarischen Werken: Wer die Abenteuerromane von Karl May (1842-1912) aufschlägt, findet darin viele abwertende Bilder von Islam und Muslimen, wie sie bis heute fortbestehen. Über 100 Millionen Mal wurden Mays Werke laut Verlagsangaben im deutschsprachigen Raum verkauft – ein erheblicher Faktor für die Bildung einer kollektiven Islamauffassung.

Im Zentrum der westlichen Islamstereotype steht seit jeher der islamische Prophet Muhammad. Bereits im Mittelalter hielten ihn viele Europäer für einen Lügner und geistigen Dieb, der seine religiöse Botschaft schlecht bei Juden und vor allem Christen abgeschrieben hatte. Auch Muhammad wurde mit dem Antichristen identifiziert. Er soll, so seine Kritiker, besessen und geisteskrank gewesen sein. Der Islam wurde als dunkle Macht der Eroberung und des Krieges gesehen.

Das Zeitalter der Aufklärung konnte diese Stereotype ins Wanken bringen und ließ auch neutrales und positives Interesse am Islam aufkeimen. Die feindseligen Stereotype treten allerdings wieder zu Tage, seit Muslime in Deutschland leben. So vernimmt man bei *Pegida*, AfD und anderen heute Parolen, die den mittelalterlichen Polemiken sehr ähneln. Der Aktivist Michael Stürzenberger sagte am 1. August 2016 als Redner bei *Pegida* in Dresden über Muhammad, er habe Kriege geführt, Kritiker umbringen lassen und auch selbst getötet. »Das ist das Vorbild aller Moslems«, erklärte Stürzenberger dem Publikum: »Viele heißen so und viele führen sich auch genau so auf wie er.«

Verstärkt wurde das abwertende Islambild der Deutschen durch negative Weltereignisse mit Islambezug, wie die Islamische Revolution im Iran 1979. Westliche Medien und Meinungsführer waren entsetzt über die rückständige Gesellschaftsordnung, die der vergleichsweise liberalen iranischen Gesellschaft aufgezwungen wurde. Ein politisierter Islam hatte zum ersten Mal seit dem Zweiten Weltkrieg die Herrschaft über ein Staatsgebiet übernommen und wuchs so als neues Feindbild des Westens heran – zumal der Antagonist des Westens im Kalten Krieg, die Sowjetunion, ihren Schrecken in den 1980er-Jahren verlor. Die bipolare Weltordnung, die seit dem Zweiten Weltkrieg bestanden hatte, zerbrach. Diese Lücke schloss »der Islam« und ermöglichte als neues Feindbild des Westens eine neuerliche Zweiteilung der Welt in gut und böse.

In den 1990er-Jahren wurden in Afghanistan zwei Organisationen groß, die gleichermaßen an der Verbreitung des radikalen Islams und der Islamfeindlichkeit unter Nicht-Muslimen arbeiteten: die Taliban und al-Qaida. Die Terrorgruppe um Osama bin Laden hatte bereits Anschläge auf US-Einrichtungen in Afrika und dem Nahen Osten verübt, als ihr Terrorismus am 11.

September 2001 seinen traurigen Höhepunkt fand: die Flugzeuganschläge von New York und Washington mit fast 3.000 Toten. Die USA griffen daraufhin die Taliban und al-Qaida in Afghanistan an. Die Anschläge hatten außerdem zur Folge, dass viele Deutsche in ihren Nachbarn Muslime erkannten und sie argwöhnisch musterten – zumal einige der Attentäter eine Zeitlang in Hamburg gelebt hatten.

Weitere Terrorakte in Europa verstärkten diesen Prozess: die Zuganschläge von Madrid im März 2004, die Ermordung des Regisseurs und Islamkritikers Theo van Gogh im November 2004 in Amsterdam und die Anschläge in London im Juli 2005. Danach gab es zehn Jahre lang keine größeren Anschläge mehr in Europa, die mit »dem Islam« in Verbindung gebracht wurden, bis Frankreich und Belgien 2015 und 2016 mehrfach Ziel verheerender Attacken waren. In Deutschland hat ein Einzeltäter im März 2011 zwei US-Soldaten in Frankfurt ermordet. Im Juli 2016 starben bei Attacken in Würzburg und Ansbach jeweils die Attentäter. Am 19. Dezember 2016 starben zwölf Menschen, als ein Attentäter in Berlin einen LKW in einen Weihnachtsmarkt steuerte.

Feindbildpflege
Zugleich jedoch förderten deutsche Massenmedien den negativen Blick auf Islam und Muslime. Das wird an drei Fotomontagen beispielhaft deutlich. Das Cover des *Spiegels* 13/2007 zeigt das Brandenburger Tor vor dunklem Himmel, von dem ein übergroßer Halbmond mit einem Stern leuchtet – das Symbol vieler islamischer Staaten. Zu lesen ist »Mekka Deutschland – Die stille Islamisierung«. Die Titelseite des *Stern* 30/2006

zeigt ebenfalls Halbmond und Stern, dazu eine Moschee, einen Koran, die Kaaba in Mekka, einen bärtigen Mann, aus dessen geballter Faust Flammen schlagen und ein übergroßes Maschinengewehr. Der Text dazu lautet: »Islam – Warum wollen sie uns töten?«. Die gesamte Religion wird hier bildlich und textlich für Terrorismus und Gewalt verantwortlich gemacht. So wird der Islam als eine existentielle Bedrohung für »uns« präsentiert. In der dritten Fotomontage, die die ARD am 4. Oktober 2015 im *Bericht aus Berlin* verwendete, ist das Gesicht Angela Merkels zu sehen. Der Rest ihres Kopfes ist mit einem schwarzen Schleier streng verhüllt. Hinter der Kanzlerin erkennt man den Reichstag, aus dem Minarette in die Höhe ragen. Ein weiteres Beispiel dafür, wie Angst vor der angeblichen Islamisierung geschürt wird.

Derartige Bilder, die Islam und Muslime in ein bedrohliches Licht rücken, sind keine Ausnahmen, sondern seit Mitte der 2000er-Jahre vielfach in ähnlicher Form in deutschen Medien zu finden. Zwar fallen die dazugehörigen Berichte meist ausgewogen aus, doch die Titelseiten und Schlagzeilen erreichen deutlich mehr Menschen und haben so erheblich größeren Einfluss auf die öffentliche Meinung. Das Titelblatt einer Zeitschrift wirkt auch unbewusst im Vorbeigehen.

Vor diesem Hintergrund wundert es nicht, was Montag für Montag in Dresden über den Islam verbreitet wird. Meinungsforscher haben seit den 2000er-Jahren in Deutschland immer wieder erhebliche Ressentiments gegenüber Islam und Muslimen festgestellt. 2016 stimmten in der Leipziger »Mitte-Studie« über 40 Prozent der Befragten der Aussage zu, dass »Muslimen die Zuwanderung nach Deutschland untersagt werden sollte«. Gar die Hälfte der Befragten gab an, sich durch »die vielen Muslime hier« manchmal »wie ein Fremder im eigenen Land« zu fühlen. Auch vor diesen Befunden ist es wenig erstaunlich, dass *Pegida* in Dresden und anderswo mit Hilfe islamfeindlicher Ansichten viele Menschen um sich versammeln kann.

Vorurteile werden zu Gewalt
Die antiislamischen Feindbilder werden leider auch auf andere Weise praktisch: Moscheen werden mit toten Schweinen, Farbe oder Brandsätzen attackiert und Menschen, die für Muslime gehalten werden, verbal und körperlich angegriffen. In Dresden wurde die Pharmazeutin Marwa el-Sherbini im Jahr 2009 in einem Gerichtssaal von einem NPD-Anhänger ermordet. Sie war im dritten Monat schwanger, ihr Mann wurde ebenfalls verletzt, und ihr dreijähriger Sohn musste alles mit ansehen. Der Täter hatte Marwa el-Sherbini zuvor als Islamistin und Terroristin bezeichnet und behauptet, sie sei nicht beleidigungsfähig, da Muslime keine richtigen Menschen seien. Es entlud sich ein antimuslimischer Hass, wie er zuvor von vielen Seiten geschürt worden war – und weiterhin geschürt wird.

Im europäischen Vergleich ist Deutschland keine Ausnahme. In vielen anderen westlichen Staaten wird Islam und Muslimen ebenfalls oft mit Argwohn und Ablehnung begegnet. Das gilt auch für Länder Osteuropas, in denen kaum Muslime leben. Ein Fakt, der nur auf den ersten Blick verblüfft: Wer persönlich keine Muslime kennt, ist im Alltag nicht dazu gezwungen, die medial vermittelten Vorurteile zu überdenken. Dieses Phänomen findet sich auch in Regionen Deutschlands mit geringem Muslimanteil, vor allem in den ostdeutschen Bundesländern.

In Deutschlands Nachbarstaaten wie den Niederlanden, Frankreich, der Schweiz und Österreich haben Rechtspopulisten mit antiislamischen Kampagnen bereits Wahlerfolge erzielt. Auch in Deutschland verdichtet sich die abwertende Haltung zum Islam seit Mitte der 2000er-Jahre an Stammtischen, in politischen Parteien und allem voran in Internetforen. Die antiislamische Bewegung ist geboren.

WÜTENDE DEUTSCHE
– Die antiislamische Bewegung

Die grüne Fahne
Frühjahr 1989, ein Bierzelt im bayerischen Bad Tölz. Die Mischung aus politischen Parolen und gekühltem Alkohol sorgt für eine explosive Stimmung. 2.000 Menschen johlen dem Redner zu, der einen Bierkrug auf seinem Pult stehen hat und der Menge lauthals versichert: »Niemals wird über Deutschland die grüne Fahne des Islam wehen.«

So beschreibt *Der Spiegel* am 29. Mai 1989 die bierselige Szenerie. Der Redner ist Franz Schönhuber (1923–2005), Vorsitzender der Partei *Die Republikaner*, die 1983 von enttäuschten Ex-Mitgliedern der CSU gegründet worden war. Es ist vielleicht das erste Mal, dass ein deutscher Politiker vor der Islamisierung der Bundesrepublik warnt. 1989 beginnt auch die politisch erfolgreichste Phase der *Republikaner*, die die Partei in die Landesparlamente von Baden-Württemberg und Berlin sowie Schönhuber ins Europäische Parlament bringt. An der Islamisierungswarnung im Bierzelt hat das vermutlich nicht gelegen, und so starten *Die Republikaner* ihre gezielten antiislamischen Kampagnen auch erst rund 20 Jahre später. Da ist der Islam bereits ein populäres Thema, aber die Partei fast bedeutungslos geworden.

Der heutige Bundesvorsitzende hat den Islam dennoch zu einem seiner Hauptthemen erhoben. Johann Gärtner bezeichnete die Religion mir gegenüber als »die dritte Geißel«, die nach Nationalsozialismus und Kommunismus über Deutschland komme: »Wenn ich Islam höre, schalten bei mir alle Alarmglocken.«

Die Republikaner wollen Moscheebauten verhindern und »Hassprediger« ausweisen. Diese Forderungen teilen sie mit einer Reihe anderer Gruppierungen in Deutschland. Nach Schönhubers Bierzeltrede hatte es allerdings noch 15 Jahre gedauert, bis rechte Parteien anfingen, das Thema Islam systematisch zu bespielen. Mit wenigen Ausnahmen.

Mit Jesus gegen Muhammad
Adelgunde Mertensacker (1940–2013) war zunächst in der katholisch-geprägten *Deutschen Zentrumspartei* aktiv. Als sie 1987 als Vorsitzende abgewählt wurde, gründete sie die nationalreligiöse Partei *Christliche Mitte* und nahm es fortan publizistisch mit dem »falschen Propheten« Muhammad, seiner »Lügenschrift Koran« und seinem »Teufelskult« Islam auf, der Deutschland nach ihrer Ansicht unter seine Kontrolle bringen wolle. Politisch blieb die *Christliche Mitte* eine Null-Prozent-Partei, aber Mertensacker verfasste ein antiislamisches Manifest nach dem anderen. Darin ist sie den mittelalterlichen Polemiken verpflichtet, indem sie Muhammad vorwirft, er sei von Dämonen geleitet worden und habe sich seine Botschaft entweder ausgedacht oder sie direkt vom Antichristen erhalten. Als einzigen Maßstab zur Beurteilung von Muhammads Leben und Lehre lässt Mertensacker die Bibel gelten. Muhammad habe die ganze Welt unterwerfen wollen. Muslime in Deutschland sieht Mertensacker mit ebendiesem Auftrag betraut und wirft ihnen vor, die deutsche Staatsbürgerschaft erlangen zu wollen, um das Land zu erobern und zu islamisieren.

Eine weitere christliche Kleinpartei ist die *Partei Bibeltreuer Christen*, die im Gegensatz zur katholischen

Christlichen Mitte eher evangelisch bis evangelikal geprägt ist. Sie positionierte sich in geringerem Maß antiislamisch als die *Christliche Mitte*, aber auch die *Bibeltreuen* warnten auf Plakaten vor der Islamisierung Deutschlands. Ihr ehemaliger Bundesgeschäftsführer Jürgen Künzel war 1998 der Ansicht, dass ein friedliches Nebeneinander mit dem Islam unmöglich sei, weil der Islam alle Menschen und Staaten unterwerfen wolle.

Anti-Moschee-Bewegung

Das ist eine Ansicht, an die auch nicht-christliche Islamgegner wie Willi Schwend glauben. Der Agnostiker und Ingenieur hatte sich im tauberfränkischen Wertheim gerade ein neues Firmengelände zugelegt, als nebenan eine Moschee errichtet werden sollte. Schwend, der in Interviews besonnen und überlegt wirkt, bekam offenbar Angst um seine Finanzen, denn, so erzählte er in dem Dokumentarfilm »Heimvorteil« aus dem Jahr 2008: »Das wäre Tür an Tür gewesen und das ist für den Wert einer Immobilie tödlich.« Deshalb startete Schwend eine lokale Bürgerinitiative. Sie hatte Erfolg, und die Moschee musste an einem anderen Ort und in anderer Form errichtet werden.

Die Geschichte, die um das Jahr 2000 begann, ist damit noch nicht vorbei. Damals wollten auch andere Menschen in Deutschland Moscheen verhindern. Die Nachricht von Schwends Erfolg verbreitete sich in den entsprechenden Kreisen, und immer mehr Menschen meldeten sich bei dem Ingenieur. Der stand den Baugegnern zur Seite, woraus sich der Verein *Bundesverband der Bürgerbewegungen zur Bewahrung von Demokratie und Heimat* entwickelte. Kurz darauf traf

Schwend auf Udo Ulfkotte, der später als antiislamischer Autor und Redner bei *Pegida* aktiv werden sollte.

Ulfkotte betrieb seit 2007 den Verein *Pax Europa*, der die Islamisierung des Kontinents verhindern wollte. Beide Vereine fusionierten 2008 zur *Bürgerbewegung Pax Europa*. Die Freundschaft der beiden Männer hielt allerdings nicht lange, und Ulfkotte verließ den Verein im Streit. Mit den Büchern »Gekaufte Journalisten« (2014), »Mekka Deutschland« (2015) und »Die Asylindustrie« (2015) lieferte er die publizistische Umsetzung von zentralen Themen der *Pegida*-Bewegung. Schwend blieb bei der *Bürgerbewegung*, bis er im Juni 2014 den Vorsitz aus gesundheitlichen Gründen an den Initiator und langjährigen Bundesvorsitzenden der Partei *Die Freiheit* abgab, René Stadtkewitz. Von ihm wird im Folgenden noch die Rede sein.

Die *Bürgerbewegung Pax Europa* findet in den Medien zwar vergleichsweise wenig Erwähnung, ist aber eine Art Dachorganisation der antiislamischen Szene in Deutschland, denn die Mitglieder des Vereins wirken in vielen verschiedenen Anti-Moschee-Initiativen, Gruppierungen und Parteien mit. Die Zahl der Mitglieder gab BPE-Geschäftsführer Thomas Böhm im August 2016 mir gegenüber mit »knapp 700« an. Die *Bürgerbewegung* bezeichnet sich selbst als Menschenrechtsorganisation, die der Bewahrung der angeblichen christlich-jüdischen Tradition der europäischen Kultur und der Erhaltung der freiheitlich-demokratischen Grundordnung verpflichtet sei. Zugleich fordert ein »Islam-Glossar«, das die BPE mehrere Jahre auf ihrer Homepage zum Download angeboten hatte, Islam und Koran auf dem »Müllhaufen der Geschichte« zu entsorgen, »aber bitte rückstandsfrei und umweltschonend«.

Antiislamische Parteierfolge
Markus Beisicht und Manfred Rouhs hatten schon mehrfach versucht, auf dem politischen Parkett Fuß zu fassen. Bei den *Republikanern*, der *Deutschen Liga für Volk und Heimat* und der NPD. Mit der 1996 gegründeten Initiative *Pro Köln* haben sie mehr Erfolg. 2004 zog das Bündnis mit mehreren Kandidaten in den Rat der Stadt Köln ein, wo es bis heute vertreten ist. Kurz darauf sorgte *Pro Köln* bundesweit für Schlagzeilen, indem es erfolglos versuchte, den Moscheebau in Köln-Ehrenfeld zu verhindern. Auf *Pro Köln* folgten die Gründungen von *Pro NRW* und *Pro Deutschland*.

Die *Pro-Bewegung* versucht, sich als rechtspopulistische Kraft zwischen der bürgerlichen und der extremen Rechten zu etablieren. Programmatisch setzt die Partei dabei auf »klassische« rechtsextreme Themen wie »Überfremdung« oder »Ausländerkriminalität«. Stets damit verbunden sind islamfeindliche Ressentiments. Die antiislamische Szene hat der *Pro-Bewegung* daher einiges zu verdanken. Sie sorgte für eine Popularisierung islamfeindlicher Positionen in Deutschland und hat wesentlich dazu beigetragen, das Thema Islam in den politischen Debatten fest zu verankern. Außerdem stammt von *Pro Köln* das Anti-Islam-Logo mit einer durchgestrichenen Moschee, ähnlich einem Halteverbotsschild, das von vielen Gruppierungen verwendet wird.

»Gegen den Mainstream«
Auch das wichtigste Kommunikationsmedium der antiislamischen Szene nutzt das Anti-Moschee-Symbol: die Website *politically incorrect*, abgekürzt *PI-News* oder einfach PI. Begründet wurde sie im Herbst 2004 von

Stefan Herre, einem Sportlehrer aus dem Raum Köln. Bis zu 150.000 unterschiedliche Besucher verzeichnet die Seite pro Tag, geben die Verantwortlichen an. Unabhängige Beobachter attestieren ihr ebenfalls eine große Reichweite. Der *Religionswissenschaftliche Medien- und Informationsdienst* führte PI in einer Auswertung deutschsprachiger religionsbezogener Websites aus dem Jahr 2012 auf Rang 2.

Diverse Autorinnen und Autoren sind auf PI aktiv. Neben dem Islam befassen sie sich mit deutscher und europäischer Politik oder arbeiten sich an einer »Homolobby« und dem »Gutmenschentum« ab. Das nennen sie »News gegen den Mainstream« und verstehen sich dabei als »proamerikanisch« und »proisraelisch«. Allerdings verachten sie Barack Obama, den sie für einen Muslim oder zumindest einen Muslimfreund halten. Amerikanisch bedeutet für viele der PI-Autoren Donald Trump und Tea-Party. Auch in der israelischen Politik schlagen sich die deutschen Islamgegner auf die Seite der rechten Hardliner.

Die Website will ein »Korrektiv« sein. So drückt es PI-Autor Michael Stürzenberger aus. Ein Korrektiv, das gegen die vermeintliche »links-grüne Einheitsmeinung« in Deutschland ankämpft. Man versteht sich als »Stimme des Volkes«, die zum Ausdruck bringe, »was die Mehrheit der Bevölkerung denkt und empfindet«, wie es in den Leitlinien der Website heißt. PI ist zugleich ein vielstimmiges Medium, auf dem Streitpunkte rechter und antiislamischer Kreise ausdiskutiert werden.

Die Macher der Website bleiben zumeist anonym, nur wenige Autoren wie Michael Stürzenberger treten unter Klarnamen in Erscheinung. PI-Gründer

Stefan Herre hat die Redaktionsleitung angeblich bereits 2007 abgegeben. Sein Ansehen in der Szene ist dennoch groß: 2011 war er erster Preisträger des Hiltrud-Schröter-Freiheitspreises, den die *Bürgerbewegung Pax Europa* zuvor ins Leben gerufen und nach einer verstorbenen islamkritischen Autorin benannt hatte.

PI ist nicht nur ein Internetphänomen. Seit 2007 entstehen auch offline Regionalgruppen in vielen deutschen Städten. Von über 50 Gruppen spricht PI selbst. Eine der ersten und aktivsten ist die Gruppe in München um Michael Stürzenberger. Die Gruppen haben überschaubare Größen von nach eigenen Angaben bis zu 30 Mitgliedern. Doch sie sind sehr umtriebig: organisieren Mahnwachen und Infostände, beteiligen sich an Demonstrationen, sammeln Unterschriften gegen Moscheen oder besuchen gezielt islambezogene Veranstaltungen, um dort ihre Ansichten zu verbreiten – immer mit dem Ziel, eine antiislamische Ausrichtung der Politik zu forcieren.

Angriff und Verteidigung

Das versuchen auch diverse andere Gruppen mit ganz unterschiedlichen Aktionen: 30 junge Menschen haben zwei Bollerwagen mit Bierkisten und einer Musikanlage ausgerüstet. Ihre »Winterwanderung« führt sie zum Niederwalddenkmal oberhalb von Rüdesheim am Rhein. Das Denkmal wurde 1883 eingeweiht und erinnert an die Einigung Deutschlands in Folge des deutsch-französischen Kriegs 1870/71. Es strotzt vor nationalistischer und militaristischer Symbolik und wird von einer zwölf Meter hohen Germania-Figur gekrönt. Anfang Januar 2013 ist das Niederwalddenkmal Ziel der *Identitären Taunus* und der *German Defence League Division Rhein-Main*. Mit Deutschlandfahnen und abgewandelten Wirmer-Flaggen posieren sie für ein Foto zu Füßen der Germania. Vor sich haben die Aktivisten ein Transparent in den deutschen Nationalfarben angebracht. Auf rot-gelbem Grund ist in schwarzer Schrift zu lesen: »Angry German Youth« – wütende deutsche Jugend.

Die Geschichte der *German Defence League* beginnt mit englischen Hooligans. Diese rufen 2009 die *English Defence League* ins Leben. Widerstand gegen die vermeintliche Islamisierung Großbritanniens ist ihr Hauptanliegen. Die Hooligans bezeichnen ihr martialisches Auftreten auch als »Counterjihad«. Schnell gründen sich in anderen europäischen Staaten ähnliche »Verteidigungsligen«. In Deutschland ist die *German Defence League* spätestens seit dem Herbst 2010 aktiv. Sie hat eine vergleichsweise junge Anhängerschaft, auf die mit entsprechendem Stil und Aktionsformen abgezielt wird – wie mit der Party-Wanderung zum Niederwalddenkmal. Die Verteidigungsliga beteiligt sich an antiislamischen Demonstrationen im In- und Ausland. Mitbegründer Siegfried Schmitz gab 2012 in einem Interview mit PI an, dass es Ziel der *German Defence League* sei, der Bevölkerung die Augen dafür zu öffnen, welche Gefahren durch den Islam drohen würden.

Wessen Freiheit?

Dieses Anliegen vertrat auch die 2010 gegründete *Bürgerrechtspartei für mehr Freiheit und Demokratie – Die Freiheit*. Der Berliner Politiker René Stadtkewitz hatte sich mit seiner langjährigen Partei, der CDU, überworfen, weil er gegen den Willen der Partei eine Veranstaltung mit dem niederländischen Islamgegner Geert Wilders organisierte. Stadtkewitz verließ die CDU und gründete seine eigene Partei. *Die Freiheit* machte von Beginn an mit antiislamischen Kampagnen von sich reden. 2013 forderte Michael Stürzenberger im Namen der Partei, dass deutsche Muslime »verfassungsfeindliche Bestandteile« aus dem Koran streichen sollten. In letzter Konsequenz zielte das auf ein Verbot des angeblich »verfassungsfeindlichen« Islams in Deutschland ab.

Doch auch solch drastische Forderungen brachten der *Freiheit* bei Wahlen kaum nennenswerte Erfolge ein. Nachdem die *Alternative für Deutschland* bei der Bundestagswahl 2013 fast ins Parlament eingezogen wäre, stellte *Die Freiheit* ihre bundes- und landespolitischen Aktivitäten ein, weil die AfD die politischen Inhalte der *Freiheit* fast komplett vertrete, wie Stadtkewitz erklärte. Auch viele Anhänger wanderten zur AfD ab, sodass *Die Freiheit* im Dezember 2013 noch 560 Mitglieder zählte. Besonders einer wollte nicht weichen – zunächst: Michael Stürzenberger übernahm den Bundesvorsitz, wirkte dann jedoch an der Auflösung der Partei zum Jahresende 2016 mit.

Identität und Inszenierung
Deutlich mehr Einfluss, besonders bei internetaffinen Islamskeptikern, dürfte die *Identitäre Bewegung* haben. Um ihr Selbstverständnis nachvollziehen zu können, ist ein Blick ins Jahr 732 nötig: Ein arabisch-maurisches Heer hatte damals die iberische Halbinsel von Nordafrika aus scheinbar mit Leichtigkeit erobert und drang weiter in Richtung des heutigen Mitteleuropas

vor. Doch am 25. Oktober 732 fand es in Karl Martell (ca. 690-741) seinen Meister. In der »Schlacht von Tours und Poitiers« stoppte der fränkische Hausmeier, ein mächtiger Kriegsfürst des Frankenreichs, die islamische Armee und galt deshalb später als Retter des christlichen Abendlandes.

1.280 Jahre später, am 25. Oktober 2012, berufen sich französische Aktivisten auf Karl Martell, als sie in Poitiers das Dach einer im Bau befindlichen Moschee besetzen und ein Banner entrollen, auf dem die Jahreszahl 732 zu lesen ist. Die Gruppe nennt sich *Génération Identitaire* und will mit der Aktion auf die vermeintliche Islamisierung Frankreichs aufmerksam machen. In Österreich und Deutschland entstehen binnen weniger Tage ähnliche Gruppierungen nach französischem Vorbild.

Als Symbol hat die Bewegung ein umkreistes Lambda (Λ) ausgewählt, den elften Buchstaben des griechischen Alphabets. Es verweist auf den siegreichen Kampf zahlenmäßig unterlegener Spartaner gegen vermeintlich überlegene Perser, wie er im Hollywood-Film »300« (2007) dargestellt wird. Die Spartaner tragen dabei Schilde, auf denen das Lambda zu sehen ist. Die *Identitären* inszenieren sich so als unbeugsame Widerstandsgruppe, die sich mutig einer Übermacht entgegenstellt.

Sie setzen dabei auf ungewöhnliche Protestformen, die sich am Aktivismus linker Gruppen orientieren. So besetzten 15 *Identitäre* am 27. August 2016 kurzzeitig das Brandenburger Tor in Berlin. Sie waren mit Klettergurten, Leitern und Transparenten ausgerüstet, um zu fordern, dass die deutschen Grenzen geschlossen werden. Im Juni 2015 hatten Anhänger der

Bewegung den Balkon der SPD-Parteizentrale in Berlin besetzt. Am 30. Oktober 2012, bei der vermutlich ersten Aktion der *Identitären* in Deutschland, hatten drei Aktivisten mit lauter Techno-Musik die Eröffnungsfeier der »Interkulturellen Wochen« in Frankfurt am Main gestört. »Multikulti wegbassen« war auf ihren Transparenten zu lesen. Die Aktivisten fotografierten und filmten diese und ähnliche Aktionen, um das Material online zu verbreiten und so die öffentliche Wirkung zu steigern.

Gegen den Islam vereint
Erheblich mehr gesellschaftliche Aufmerksamkeit erhalten im Herbst 2014 allerdings die »Hooligans gegen Salafisten« (HoGeSa). In Köln wird am 26. Oktober 2014 ein Mannschaftswagen der Polizei von einer Gruppe johlender Männer umgeworfen – am Rande einer Demonstration der *HoGeSa*. Die Bilder gehen durchs Land und sorgen für Aufregung. Bei der Demonstration werden nach Polizeiangaben 49 Beamte verletzt. Laut Verfassungsschutz beteiligen sich 4.800 Personen aus der Hooliganszene, der extremen Rechten und dem »bürgerlichen Lager« an der *HoGeSa*-Aktion. Auch Aktivisten der *Pro-Bewegung*, wie der Mönchengladbacher Stadtrat Dominik Horst Roeseler, haben lt. Verfassungsschutz und Presseberichten organisatorisch zu der eskalierenden Demonstration beigetragen.

Drei Wochen später stellen die *HoGeSa* in Hannover eine weitere Demonstration mit 3.500 Teilnehmern auf die Beine. Diesmal bleibt es friedlicher. Die *HoGeSa*-Organisatoren erklären, sie wollten verfeindete Hooligangruppen vereinen und sich dem Salafismus in

Deutschland entgegenstellen. Die Hooligans verstehen sich dabei offenbar als eine Art Avantgarde: Sie wollten »was antreiben, damit der Rest hinterherkommt«, erklärt Andreas Kraul, Organisator der Kölner *HoGeSa*, in einem Video im Internet. Kraul ruft Menschen »egal welcher Herkunft« dazu auf, sich gegen den Salafismus zu engagieren. Auch an Muslime appelliert er: »Stellt Euch neben uns, gebt uns die Hand, seid für die gleiche Sache. Wir brauchen hier in unserem Land keinen Terror.« Kraul entwirft ein Bedrohungsszenario: »Möchtet ihr, dass in zehn Jahren jedem gesagt wird, Kollege, nimm den Koran an oder stirb?«

Ein ähnliches Bild der Zukunft zeichnet die Band *Kategorie C* in ihrer *HoGeSa*-Hymne »Hooligans gegen Salafisten«. Sie trat damit bei der Demonstration in Köln auf. In dem Song ist von der differenzierenden Sicht auf Muslime, wie sie *HoGeSa*-Organisator Kraul andeutet, nichts zu finden. »Islam will keinen Frieden, sondern Gottessklaverei, ein ganzes Leben lang, ihr werdet nicht mehr frei«, textet eine raue Männerstimme zu Lagerfeuerakkorden. Ausnahmslos alle Muslime werden als Bedrohung präsentiert: »Heute schächten sie Schafe und Rinder, morgen vielleicht schon Christenkinder.«

Die *HoGeSa* konnten sich nicht zu einer dauerhaften Bewegung konsolidieren. Dennoch ist es ihnen gelungen, mehr Menschen unter antiislamischen Vorzeichen zu mobilisieren als anderen deutschen Gruppierungen zuvor. Schon wenig später wurden sie jedoch deutlich überboten – von *Pegida* und AfD.

GEGEN DEN »FREMDKÖRPER«
– Die *Alternative für Deutschland*

Zurück in die Wüste

Das Spiel ist absurd. Ludwig Flocken steht mit hochgekrempelten Ärmeln am Rednerpult und gerät immer mehr in Rage. Hinter dem AfD-Mann sitzt leicht erhöht die Vizepräsidentin der Hamburger Bürgerschaft, Antje Möller von den Grünen. Sie hält eine kleine Glocke in der rechten Hand, mit der sie jedes Mal kurz klingelt, wenn die Rede des 55-Jährigen einen neuerlichen Tiefpunkt an hasserfüllten Ressentiments erreicht.

Die Bürgerschaft will eigentlich über den Salafismus diskutieren, doch Flocken wettert sechs Minuten lang gegen den Gesamtislam, den er »Mohammedanismus« nennt. Der Orthopäde aus Bergedorf ruft die Hamburger Abgeordneten auf, allen Mut zusammenzunehmen und zu sagen: »Wir mögen den Mohammedanismus nicht, wir vertrauen ihm nicht, wir respektieren ihn nicht. Die Gefühle der Mohammedaner sind uns bestenfalls egal. Ihr Jammern steht uns bis hier.« Vom erneuten Klingeln der Glocke und einem förmlichen Ordnungsruf der Sitzungsleiterin ermahnt, lässt Flocken sich nicht davon abbringen, sein Redemanuskript bis zum Ende vorzutragen. Er wünscht Muslimen den Tod und den Islam zurück auf die arabische Halbinsel, indem er in Richtung der »Mohammedaner« verkündet: »Wir hoffen, dass Ihr explodiert und wenn nicht, dann hoffen wir inständig, dass diese gottverdammte Religion zurückkehrt in die Wüste, aus der sie gekommen ist.«

AfD-Fraktionschef Jörn Kruse geht nach dieser Tirade, die Flocken Ende April 2016 vorgetragen hatte und die man sich im Internet anschauen kann, auf Distanz zu seinem Parteikollegen. Aus der Hamburger AfD-Fraktion sollte der Arzt schon zuvor wegen rassistischer Äußerungen ausgeschlossen werden. Dem kam er jedoch zuvor, indem er die Fraktion freiwillig verließ. Mitglied der AfD blieb Flocken allerdings.

Distanzierungsversuche
Dieser antiislamische Wutausbruch ging also offenbar selbst Teilen der AfD zu weit, obwohl führende Köpfe der Partei ebenfalls systematisch antiislamische Klischees bedienen. Das war jedoch nicht immer so. Parteigründer Bernd Lucke hatte stets versucht, Distanz zu islamfeindlichen Positionen zu wahren. Leicht hatte er es in »seiner« im Februar 2013 gegründeten Partei allerdings nie. Der jahrelange Streit mit Kräften, die weiter rechts stehen als der Wirtschaftsprofessor aus Winsen an der Luhe, führte schließlich dazu, dass der Parteigründer im Sommer 2015 als Vorsitzender abgewählt wurde und der AfD den Rücken kehrte. Zuvor hatte er immer wieder Auseinandersetzungen über den Islam ausgetragen, so auf dem bayerischen Landesparteitag der AfD im Oktober 2014 in Ingolstadt:

Ein Delegierter richtet vom Saalmikrophon aus eine Frage an den Parteivorsitzenden. Der Fragende ist wohl um die 60 Jahre alt, macht zunächst einen ruhigen Eindruck und trägt einen locker sitzenden Schal um den Hals, der ihm etwas Künstlerisches verleiht: »Könnte es sein, dass Sie wenig Ahnung vom Islam haben?«, will der Mann von Lucke wissen. »Ich gestehe Ihnen gerne zu«, antwortet der mit einem dunklen

Anzug bekleidete Lucke, »dass mein Fachgebiet Volkswirtschaft ist und nicht der Islam.« Der Disput der beiden Männer war in einem Video bei *Youtube* zu sehen. An dieser Stelle lässt die Aufnahme offenbar einen Teil von Luckes Replik aus. Das Video setzt wieder ein, als der Delegierte mit zorniger, aber fester Stimme erläutert, warum er den Islam für eine große Gefahr hält: »Ich würde sagen, 1.400 Jahre Islam mit 200 Millionen Toten sind Beleg genug.« Diese Opferzahl wird Islam und Muslimen in antiislamischen Kreisen oft vorgehalten. Es handelt sich dabei um eine Addition der Todesopfer vermeintlich »islamischer« Kriege.

»Darf ich ganz kurz noch was dazu sagen?«, unterbricht Lucke den Applaus, den das Publikum dem Delegierten spendet. Der Professor weist »diese pauschale Verurteilung des Islam von uns« und fordert, dass man mit einer »großen Religionsgemeinschaft« so nicht umgehen dürfe. Er reklamiert für sich, in verschiedenen islamischen Ländern gearbeitet zu haben. Dort habe Lucke viele Muslime getroffen, »die alles andere gewesen sind als irgendwelche fanatischen heimtückischen Massenmörder.« Stattdessen hätten sie den Wirtschaftsexperten gastfreundlich in ihre Wohnungen eingeladen und ihm glaubhaft versichert, dass der Islam die Tötung von Unschuldigen verbiete. Was die Terroristen des IS machen würden, »ist in den Augen von vielen Muslimen einfach unislamisch.« An dieser Stelle hört man den islamfeindlichen Delegierten erst leise und dann lauthals seiner Empörung Luft verschaffen: »Das gibt's doch nicht!«

Es sind zwei grundverschiedene Islamverständnisse, die hier in Ingolstadt aufeinanderprallen. Lucke bittet abschließend noch einmal, »keine pauschale Verurteilung einer solchen großen Religionsgemeinschaft vorzunehmen.« Erneut brandet zustimmender Applaus auf. Die Kamera schwenkt wieder auf den Mann mit dem Schal, der dem Parteivorsitzenden sein antiislamisches Glaubensbekenntnis entgegenruft: »Herr Lucke, Sie haben gesagt, der Islam verbietet die Tötung von Unschuldigen. Der Koran befiehlt die Tötung von Unschuldigen. Das ist die Wahrheit.« Unter Applaus verlässt der Mann den Rednerplatz, und das Video endet.

Die zwei Gesichter der AfD, die die Partei bis zum Sommer 2015 geprägt haben, sind an diesem Streit gut zu beobachten. Der radikalere Flügel, in diesem Fall repräsentiert durch den Schalträger, hat sich durchgesetzt. Lucke und andere AfD-Gründer wie Hans-Olaf Henkel versuchen seit dem Zerwürfnis, mit ihrer *Allianz für Fortschritt und Aufbruch* politisch erneut Fuß zu fassen.

Antiislamische Alternative
Einen kräftigen Schub in Richtung Islamfeindlichkeit dürfte die AfD bereits nach der Bundestagswahl 2013 bekommen haben, als sie nur knapp an der Fünf-Prozent-Hürde gescheitert war. Der damalige Vorsitzende der antiislamischen Partei *Die Freiheit*, René Stadtkewitz, gab daraufhin bekannt, dass seine Partei alle bundes- und landespolitischen Ambitionen zugunsten der AfD aufgeben werde, da letztere die politischen Positionen der *Freiheit* »zu 90 Prozent« ebenfalls vertrete. Daraufhin drängten offenbar viele Mitglieder der Stadtkewitz-Partei in die AfD, was bei dieser den islampolitischen Richtungsstreit befeuerte und zeitweise ein Aufnahmeverbot für ehemalige Mitglieder der *Freiheit* zufolge hatte. Bernd Lucke erklärte damals, dass

die Anhänger der *Freiheit*, so sie »eine islamophobe und latent fremdenfeindliche Einstellung haben«, in der AfD »nichts verloren« hätten. Diese Position hatte jedoch nicht lange Bestand, sodass beispielsweise Uwe Junge die Partei wechseln konnte. Der Bundeswehroffizier, der u. a. in Afghanistan stationiert war, vertrat in einer Rede bei einer Demo am 21. November 2015 in Mainz die Ansicht: »Der Islam steht gegen alles, was unsere freiheitlich-demokratische Grundordnung ausmacht.« Junge führte die AfD als Landeschef in den rheinland-pfälzischen Landtag, im März 2016 holte die Partei dort 12,6 Prozent der Zweitstimmen.

Nur kurze Zeit nach der AfD-internen Debatte um den Umgang mit den Mitgliedern der *Freiheit* positionierte sich Lucke selbst verhalten islamkritisch, indem er »Zehn Thesen zum Islam« an die AfD-Mitglieder verschickte. Sie wurden von der Internetseite PI veröffentlicht. Mit den Thesen gab Lucke anscheinend parteiinternem Druck nach, die AfD auch für das islamkritische Spektrum zu öffnen. Die Thesen bleiben hinter der Radikalität des antiislamischen Diskurses allerdings deutlich zurück. Lucke kritisiert darin u. a. die Aussage »Der Islam gehört zu Deutschland« und mahnt Frauenrechte, Meinungsfreiheit sowie das Primat des Grundgesetzes an. Diese recht allgemeinen Positionen konnten viele Parteikollegen Luckes nicht überzeugen, beispielsweise Fritz Schmudde, der 2014 für die AfD in den Münchner Stadtrat einzog und zuvor Mitglied der antiislamischen *Bürgerbewegung Pax Europa* war. Er bezeichnete Luckes Thesen auf seiner Internetseite als »leisetreterisch«.

Luckes Nachfolgerin an der Parteispitze, Frauke Petry, positionierte sich deutlich stärker antiislamisch.

Schon am Tag ihrer Wahl, dem 4. Juli 2015, erklärte sie laut *taz.de*: »Der Islam ist uns völlig fremd und mit dem Grundgesetz nicht vereinbar.« Petry war zuvor bereits Landesvorsitzende der AfD im *Pegida*-Land Sachsen. Dort hatte die Partei im Wahlkampf des Sommers 2014 gefordert, dass über jeden Moscheebau generell in einer Volksabstimmung entschieden werden solle. Petry und ihre Partei holten in Sachsen fast zehn Prozent der Stimmen. Zum Vergleich: Im maßgeblich vom Lucke-Flügel verantworteten Programm für die Europawahl im Frühjahr 2014, bei der die AfD bundesweit mehr als sieben Prozent der Stimmen erreichte, war das Wort Islam gar nicht vorgekommen.

Auch im Programm zur bislang erfolgreichsten Landtagswahl der Partei findet sich die Forderung nach generellen »Bürgerentscheiden über Moscheen«. Die AfD ist seit März 2016 mit 24,3 Prozent der Zweitstimmen zweitstärkste Fraktion im Landtag von Sachsen-Anhalt. In ihrem Programm heißt es, die »private Religionsausübung muslimischer Mitbürger ist in Sachsen-Anhalt auch ohne Großmoscheen mit Minaretten möglich.« Diese Moscheen drohten, sollten sie ohne vorherige Befragung »der ansässigen deutschen Bevölkerung« errichtet werden, »den Nährboden für Gewalt, Politikverdrossenheit und Extremismus zu bereiten.« Mit dieser Forderung nach Abstimmungen über Moscheebauten nimmt die AfD ein zentrales Anliegen der antiislamischen Szene in ihr Programm auf, das dort schon seit Jahren vertreten wird. Auch die AfD in Thüringen, die 2014 bei der Landtagswahl 10,6 Prozent der Zweitstimmen holte, tritt entschieden gegen Moscheebauten ein. Ihr Landeschef Björn Höcke warnte bei einer Kundgebung im Mai 2016 in Erfurt, dass auf dem Erfurter Dom »in einer nicht so fernen Zukunft« der Halbmond das Kreuz ersetzen könnte. »AfD – Nein zur Moschee«, rief er dem Publikum zu und bemühte damit den gleichen Reim, den auch die NPD schon auf ihren Parteinamen gedichtet hatte.

Islamgegner im Aufwind
Der Richtungsstreit und das Zerwürfnis im Sommer 2015 haben der AfD politisch offenbar nicht geschadet, sondern die Partei wusste die sogenannte Flüchtlingskrise für sich zu nutzen. Sie konnte im Jahr 2016 bei den Landtagswahlen in Rheinland-Pfalz, Baden-Württemberg, Sachsen-Anhalt, Mecklenburg-Vorpommern und Berlin jeweils zweistellige Ergebnisse erzielen. Auch die Mitgliederzahlen steigen weiter. Zu Jahresbeginn 2016 hatte die AfD rund 18.000 Mitglieder, im April 2016 waren es knapp 21.000. Durch den Rechtsruck der AfD im Sommer 2015 und vor allem durch das im Frühjahr 2016 beschlossene Bundesprogramm ist die Partei neben *Pegida* zum aussichtsreichsten politischen Arm der antiislamischen Bewegung in Deutschland geworden. Die Leipziger »Mitte-Studie« stellte 2016 fest, dass bundesweit über 80 Prozent der AfD-Sympathisanten der Aussage zustimmen, dass Muslimen die Zuwanderung nach Deutschland untersagt werden sollte.

Die AfD ist inzwischen in zehn Landesparlamenten (Baden-Württemberg, Berlin, Brandenburg, Bremen, Hamburg, Mecklenburg-Vorpommern, Rheinland-Pfalz, Sachsen, Sachsen-Anhalt, Thüringen) und im Europaparlament vertreten. Im Bundesprogramm wurde das antiislamische Credo »Der Islam gehört nicht zu Deutschland« verankert. Partei-Vize Beatrix von Storch forderte laut *Spiegel* vom 12. März 2016 in internen E-Mails des Parteivorstands, dass auf den Islam zukünftig der politische Schwerpunkt der Partei gelegt werden solle, weil die Themen Euro und Asyl »verbraucht« seien. Der Islam hingegen sei »das brisanteste Thema des Programms überhaupt« und für die »Außenkommunikation« am besten geeignet.

Der Islamwissenschaftler Hans-Thomas Tillschneider, Landtagsabgeordneter der AfD in Sachsen-Anhalt, sagte beim Bundesparteitag im Frühjahr 2016 in Stuttgart: »Der Islam ist in Deutschland kulturell fremd, deshalb kann er sich nicht in gleichem Umfang auf Religionsfreiheit berufen.« Auf dieser Grundlage will die Partei die islamische Glaubensausübung auf vielfache Weise einschränken: Minarett, Muezzinruf und rituelle Tierschlachtung, Vollverschleierung in der Öffentlichkeit, Kopftuch an Schulen und viele weitere Aspekte der islamischen Praxis sollen verboten werden.

Die Forderung nach generellen Volksentscheiden über Moscheebauten, wie sie mehrere Landesverbände der AfD erheben, findet sich hingegen nicht im Bundesprogramm wieder. Dennoch bündelt die Partei einen großen Teil der islampolitischen Positionen, wie sie in der antiislamischen Szene seit Jahren vertreten werden. Im Gründungsjahr der AfD, 2013, war davon noch kaum etwas zu sehen. Die junge Partei hat bereits einen extremen Wandel vollzogen.

DRESDEN IST ÜBERALL
– Die *Pegida*-Bewegung

Die Farben der Sachsen

An einem der ersten Frühlingstage genießen drei junge Männer ihr Feierabendbier in der untergehenden Sonne, während auf der anderen Straßenseite, auf die der Hauptbahnhof bereits Schatten wirft, ein Fahnendschungel entsteht. Deutschlandflaggen in allen Variationen wehen über den herbeiströmenden Menschen: »klassisch« Schwarz-Rot-Gold, verkehrt herum mit Gold oben und Schwarz unten oder als Wirmer-Flagge mit schwarz-goldenem Kreuz auf rotem Grund, ein Symbol des Widerstands gegen den Nationalsozialismus. Einige Demonstranten haben die deutschen Farben auch mit der Fahne Russlands kombiniert. »Frieden mit Russland« steht dazu passend auf Pappschildern, andere fordern den Bruch mit den USA.

Eine Südstaatenflagge, eine Friedenstaube auf blauem Grund und ein Totenkopf vor tiefem Schwarz mischen sich ins Farbspektrum. Vom serbischen Adler über den israelischen Davidstern bis zum japanischen Sonnensymbol bringen Demonstranten Nationalfahnen mit. In die vorderen Reihen drängen sechs junge Männer und zwei Frauen, die schwarz-gelbe Banner der *Identitären Bewegung* emporhalten. Was man nicht sieht: Die Fahnen der AfD, die sich inhaltlich eigentlich sehr gut einfügen würden.

Immer wieder sind stattdessen auch die Farben Sachsens zu erblicken, das schwarz-gelb-grüne Wappen auf grün-weißem Grund, denn *Pegida* in Dresden ist für die Teilnehmenden ein gesamtsächsisches Happening:

Viele der knapp 3.000 Menschen tragen an diesem Montag ihre Herkunft stolz auf Schildern vor sich her. Aus Bernsdorf, Cunewalde, Freital und vielen anderen Orten sind sie offenbar angereist. Ein Paar nutzt das schöne Wetter, hat orange-blaue Trikots angezogen und ist auf Rennrädern da. Mehrere Studien haben ergeben, dass zu *Pegida* Menschen aus ganz Sachsen anreisen und manche Teilnehmer sogar aus anderen Bundesländern in den Freistaat fahren, um bei den Demonstrationen dabei zu sein. In Dresden treffen sich Rentner und Jugendliche, Männer und Frauen, auch ein paar Familien mit Kindern sind dabei. Man begrüßt sich herzlich, plaudert mit alten Bekannten und neuen Mitstreitern. Von der Bühne aus gratuliert *Pegida*-Chef Lutz Bachmann einigen Demonstranten zum Geburtstag, und die Menge applaudiert.

Nach diesem familiären Beginn wird die Stimmung ernster, wütender. Parolen wie »Widerstand«, »Volksverräter« und »Merkel muss weg« werden gerufen. Als Bachmann, aus der rechtskonservativen österreichischen Zeitung *Krone* zitierend, prophezeit, dass die nächste Flüchtlingswelle unterwegs sei und »jetzt die Afrikaner kommen«, »junge wehrfähige Invasoren«, skandiert die Menge: »Abschieben, abschieben«. In diesem Moment macht sich ein schwarzer Sanitäter, auf dessen rote Kleidung *Pegida*-Embleme genäht sind, vom Bühnenbereich aus auf den Weg in die Menge, vorbei an Schildern wie »Asylbetrüger stoppen« und »Jeder ist einer zu viel«.

Pegida ist auch an diesem Frühlingstag ein groteskes Sammelsurium der Widersprüche. Ein junger Mann mit Vollbart trägt ehrfürchtig ein Holzkreuz vor sich her und geht an einem Glatzkopf vorbei, auf dessen Trainingsjacke »Odin statt Jesus« zu lesen ist. Hunde sind bei der Veranstaltung wie immer nicht zugelassen, hatte Bachmann zu Beginn verkündet, dennoch, oder deshalb, trägt ein Mann seinen mittelgroßen Vierbeiner liebevoll im Arm. Zugleich gelingt es ihm, eine Fahne zu balancieren, auf der »Gegen Nazis« geschrieben steht. Nur wenige Meter von ihm entfernt ist ein anderer Mann mit einer leicht abgewandelten Reichskriegsflagge ausgerüstet, wie sie ganz ähnlich auch von den Nationalsozialisten verwendet wurde: das Eiserne Kreuz auf schwarz-weiß-rotem Grund.

Pegida trifft sich an diesem Tag erstmals vor dem Hauptbahnhof, einem Hotspot der Drogenszene. Die Stadt Dresden hat den Dauerdemonstrierenden die symbolträchtige Altstadt verwehrt, wenn auch nur vorübergehend. Bachmann sagt, es sei wichtig, »auch an diesem Ort präsent zu sein«. Eine Vielzahl von Ordnern, die laut der ehemaligen *Pegida*-Frontfrau Tatjana Festerling aus der Hooligan-Szene stammen und oft glatzköpfig, tätowiert und kräftig daherkommen, sichern den Veranstaltungsbereich systematisch ab. Zwei junge Männer mit Sonnenbrillen und weißen Ordnerbinden am Oberarm verfolgen ein Kamerateam auf Schritt und Tritt, während Bachmann, vor einem Banner des islamfeindlichen Alternativmediums PI stehend, energisch vor den »links-grün-faschistischen Lohnschreiberlingen« warnt. Die Menge quittiert das mit »Lügenpresse«-Rufen.

Wieder so ein Widerspruch: Die deutsche Medienlandschaft wird als vom Staat gesteuert kritisiert. Zugleich zeigen die Aktivisten Sympathien für Putins Russland, wo der Großteil der Presse tatsächlich im Sinne des Kremls berichtet bzw. berichten muss.

Widersprüche in Bewegung

Pegida richtet sich gegen etablierte Politiker, Medien und Flüchtlinge, das steht auch bei dieser Demonstration am 4. April 2016 außer Frage. Darüber hinaus bleiben Motivationen und Ziele der Bewegung diffus. Sie ist auch für Sozialwissenschaftler nicht hinlänglich erklärbar, obwohl es verschiedene Studien versucht haben. *Pegida* ist Protest gegen Phänomene einer globalisierten, komplexen, postmodernen Welt, in der Gewissheiten schwinden und alles auf dem Prüfstand zu stehen scheint. Letztlich ist auch der sächsische Protest ein Symptom dieser Welt und genauso schwer greifbar.

Da ist es nur kohärent, dass die Bewegung von einer ebenso widersprüchlichen Person angeführt wird. Lutz Bachmanns Lebensgeschichte wurde der Öffentlichkeit von regionalen und bundesweiten Medien detailreich dargelegt, was journalistisch vertretbar ist, weil sein Werdegang in Opposition zu seinen politischen Forderungen zu stehen scheint. Bachmann wird 1973 in eine Dresdner Fleischerfamilie geboren und absolviert nach dem Abitur eine Ausbildung zum Koch. Es folgt eine unstete berufliche Laufbahn, u. a. mit den Stationen Grill-Imbiss, Handyshop und Werbeagentur. Bachmann driftet ins kriminelle Milieu ab, begeht Einbrüche und Diebstähle und dealt außerdem mit Drogen. So berichten es verschiedene Medien wie *Süddeutsche Zeitung*, *Focus* und *Sächsische Zeitung*. Als ihm deswegen eine Haftstrafe droht, legt Bachmann sich eine gefälschte Identität zu und flieht nach Südafrika.

Zwei Jahre später wird er nach Deutschland abgeschoben und verbringt 14 Monate in seiner Heimatstadt im Gefängnis. Danach kassiert er weitere

Strafen, weil er Kokain besitzt und den Unterhalt für seinen Sohn nicht zahlt. Als er durch *Pegida* bereits deutschlandweit bekannt ist, veröffentlicht Bachmann ein Selbstportrait bei *Facebook*, auf dem er während eines Friseurbesuchs als Adolf Hitler posiert. Ein Scherz, wie er sagt. Zudem hat er Flüchtlinge in dem sozialen Netzwerk als »Viehzeug«, »Dreckspack« und »Gelumpe« beschimpft. Bachmann stritt das zunächst ab, räumte den Vorwurf später jedoch ein. Der *Pegida*-Chef wurde dafür zu einer Geldstrafe von 120 Tagessätzen à 80 Euro verurteilt. Zum Prozessauftakt war Bachmann mit zahlreichen Unterstützern erschienen und hatte sich einen schwarzen Querbalken an seine Brille geklebt, um sich als Zensuropfer zu inszenieren. Engagiert für seine Heimat zeigt er sich derweil nicht erst seit *Pegida*: Beim Elbhochwasser 2013 packte Bachmann tatkräftig mit an und nahm dafür den Sächsischen Fluthelferorden entgegen. Im September 2016 kehrte er Sachsen allerdings den Rücken und wanderte nach Teneriffa aus. In einem *Facebook*-Video begründete Bachmann diesen Schritt damit, dass seine Frau und er verfolgt worden seien und es bei ihnen Einbruchsversuche gegeben habe.

Das ist der Mann, dem bei den Demonstrationen in Dresden Woche um Woche mehrere tausend Menschen zuhören, wenn er als ehemaliger Justizflüchtling und verurteilter Straftäter vor kriminellen Ausländern und Flüchtlingen warnt. Er überfliegt von Teneriffa aus mehrere Staatsgrenzen, um auf der Bühne zu fordern, dass die deutschen Grenzen für andere geschlossen werden sollen. Bachmann ist Mitbegründer und Vereinsvorsitzender von *Pegida*. Er und seine zunächst elf Mitstreiter im *Pegida*-Organisationsteam haben ein

Massenphänomen geschaffen, das auch über die Grenzen Sachsens und Deutschlands hinaus Menschen nachhaltig mobilisiert. *Pegida* hat unzweifelhaft einen Nerv der westlichen Welt getroffen. AfD-Politiker Hans-Thomas Tillschneider will Bachmann dafür sogar das Bundesverdienstkreuz verleihen lassen.

Aufstieg, Einbruch, Stabilisierung
Pegida startet seine »Spaziergänge« in Dresden am 20. Oktober 2014 mit rund 350 Teilnehmenden. Keine drei Monate später, im Januar 2015, kommen laut der Polizei 25.000 Menschen zur Bachmann-Veranstaltung. *Pegida*-Sprecherin Kathrin Oertel wird als Gast in der ARD-Talkshow von Günther Jauch bundesweit bekannt. Nur zwei Wochen später verlassen sie und einige andere Organisatoren *Pegida* jedoch im Streit. Sie gründen die Gruppe *Direkte Demokratie für Europa*, die allerdings bedeutungslos bleibt. Oertel entschuldigt sich später in einer Videobotschaft bei »allen Muslimen« dafür, dass sie bei *Pegida* mitgewirkt hatte. Nach Oertel wird die geschasste Hamburger AfD-Politikerin Tatjana Festerling neues weibliches Gesicht von *Pegida*, doch auch sie überwirft sich im Frühjahr 2016 mit der Führungsriege um Lutz Bachmann.

Zuvor tritt Tatjana Festerling im Juni 2015 allerdings als *Pegida*-Kandidatin bei der Oberbürgermeisterwahl in Dresden an und erhält 21.311 Stimmen, was 9,6 Prozent entspricht und als Indikator für den Rückhalt und das Mobilisierungspotential von *Pegida* in Dresden angesehen werden kann. Diesen Befund stützt auch die Leipziger »Mitte-Studie« von 2016, in der von rund 2.400 Befragten aus ganz Deutschland 9,4 Prozent angaben, den Zielen von *Pegida* vollkommen zuzustimmen. *Pegida* spricht trotz anderslautender Behauptungen also nicht für »die Mehrheit« oder »das Volk«, sondern ist »eine verdammt laute Minderheit«, wie Bastian Brandau sagt, der Sachsenkorrespondent des *Deutschlandradios*.

Auch in vielen anderen deutschen Städten wird nach Dresdner Vorbild demonstriert. Nach Dresden kann *Legida* in Leipzig die meisten Menschen mobilisieren. In diversen deutschen Großstädten wie München, Berlin, der Rhein-Ruhr-Region, Hannover, Braunschweig, Kassel, Frankfurt, Karlsruhe, Würzburg, Rostock, Schwerin, Magdeburg und Erfurt gibt es immer wieder Demonstrationen unter dem *Pegida*-Logo. In den ostdeutschen Bundesländern Sachsen, Brandenburg und Thüringen ist die Bewegung auch in vielen kleineren Orten präsent. Von Königs Wusterhausen über Dippoldiswalde bis nach Pößneck reichen die Veranstaltungen, die den Osten als *Pegida*-Kernland ausweisen.

Zugleich wurden auch im europäischen Ausland, in Städten wie Oslo, Krakau oder Graz, *Pegida*-Aktionen durchgeführt. Umgekehrt treten antiislamische Aktivisten aus Nachbarländern wie Österreich und der Schweiz als Redner bei *Pegida* in Deutschland auf. Als der niederländische Rechtspopulist Geert Wilders im April 2015 in Dresden spricht, steigt die Teilnehmerzahl, die zuvor bis auf 2.000 gefallen war, noch einmal auf 10.000 Personen.

Das Ventil

Die Bandbreite der Ansichten, Ansprüche und Ängste, die von, bei und um *Pegida* artikuliert werden, ist groß. Anfangs richten sich die Organisatoren um Bachmann

»gegen die Glaubens- & Stellvertreterkriege« auf »friedlichem deutschen Boden«. Damit meinen sie vereinzelte Auseinandersetzungen zwischen Salafisten und Kurden in Zusammenhang mit dem IS-Konflikt. Bei den Demonstrationen werden später vor allem Verschärfungen des Asylrechts gefordert, um die vermeintliche Islamisierung und den »Asylmissbrauch« sogenannter »Wirtschaftsflüchtlinge« zu stoppen.

Diese und weitere Standpunkte wurden von *Pegida* in mehreren Positionspapieren zusammengefasst. Im Januar 2015 forderte *Pegida* ein Zuwanderungsgesetz, Integrationspflicht, die Ausweisung von Islamisten, direkte Demokratie, mehr innere Sicherheit und ein »Ende der Kriegstreiberei gegen Russland«. Mitte Februar 2015 folgten die zehn »Dresdner Thesen«. Vom Erhalt »unserer Kultur« und der »sexuellen Selbstbestimmung«, einem Gesetz zur »qualitativen Zuwanderung« und der »Aufstockung der Mittel der Polizei« ist darin die Rede. Auch Hilfe für »Kriegsflüchtlinge und politisch oder religiös Verfolgte« wird befürwortet – angeblich, denn tatsächlich wendet sich *Pegida* immer wieder gegen Geflüchtete. Bei der Demonstration am 6. April 2016 behauptet Lutz Bachmann, dass 99,9 Prozent aller Flüchtlinge sich illegal im Land befinden würden, was Massenabschiebungen zur Folge haben müsste und faktisch eine Absage an das Recht auf Asyl bedeutet.

Unter dem Schlagwort »Islamisierung«, für die das »i« in *Pegida* steht, versammelt die Bewegung also ein breites Spektrum an Themen, Forderungen und Menschen. Sie vereint jung und alt, Ost und West, Akademiker und gering Gebildete, radikale Christen und Menschen, die niemals religiös waren. Sie alle wollen ihrem Unmut Luft machen und haben in *Pegida* das Ventil dafür gefunden. Die formbare und inhaltlich flexible Sammelbewegung ist das Mittel, durch das sich vieles entladen kann, was sich in Deutschland aufgestaut hat.

Gesamtrechte Inklusion
Diese Möglichkeit wollten sich diverse rechtspopulistische, rechtsextreme und antiislamische Kräfte nicht entgehen lassen. Die NPD in Thüringen und Mecklenburg-Vorpommern, *Die Republikaner* in Brandenburg, *Die Rechte* in Franken und die *Pro-Bewegung* in Nordrhein-Westfalen sind jeweils für lokale *Pegida*-Varianten maßgeblich verantwortlich. Da half es auch nicht, dass sich die Dresdner *Pegida* teilweise von dem, was in ihrem Namen geschieht, distanziert hat. Mit Götz Kubitschek und Jürgen Elsässer sind zwei führende Ideologen der Neuen Rechten bei *Pegida* wiederholt als Redner aufgetreten. Auch einige AfD-Politiker suchen die Nähe zu *Pegida*. Der brandenburgische AfD-Vorsitzende Alexander Gauland bezeichnete *Pegida* als die »natürlichen Verbündeten« seiner Partei. Der gemäßigtere Flügel der AfD um Bernd Lucke hatte sich hingegen von *Pegida* abzugrenzen versucht.

Nach den Erfolgen der AfD bei drei Landtagswahlen im März 2016 reklamierte *Pegida*-Chef Lutz Bachmann die Wahlergebnisse auch als Verdienst von *Pegida*. Bei Umfragen in Dresden hatte zuvor eine deutliche Mehrheit der *Pegida*-Demonstranten angegeben, die AfD wählen zu wollen, teilweise knapp 90 Prozent der Befragten. Die »Mitte-Studie« stellte ebenfalls fest, dass Menschen, die den Zielen von *Pegida* zustimmen, am ehesten die AfD wählen. Im Juli 2016 erklärte

Bachmann, mit der *Freiheitlich Direktdemokratischen Volkspartei* (FDDV) eine eigene Partei gegründet zu haben. Diese solle der AfD allerdings keine Konkurrenz machen, sondern sie unterstützen. Im September 2016 rief Bachmann am Vortag der Landtagswahl in Mecklenburg-Vorpommern die dortigen Wähler per Videobotschaft auf, ihre Stimme der AfD zu geben. Die Partei holte 20,8 Prozent und wurde damit zweitstärkste Kraft.

Am 9. Mai 2016 sprach Hans-Thomas Tillschneider bei *Pegida* in Dresden. Er ist Landtagsabgeordneter der AfD in Sachsen-Anhalt und dankte den *Pegida*-Aktivisten für ihren Einsatz: »*Pegida* hat den Boden für die neue Islampolitik der AfD bereitet.« Wenige Tage später trat *Pegida*-Mitorganisator Siegfried Däbritz bei einer AfD-Kundgebung in Erfurt auf. Beim Bundesvorstand der Partei kam beides allerdings nicht gut an. Ende Mai verkündete er via *Facebook*, »dass AfD-Mitglieder weder als Redner noch mit Parteisymbolen bei *Pegida*-Veranstaltungen auftreten sollen. Redeauftritte von *Pegida*-Vertretern und *Pegida*-Symbole auf AfD-Veranstaltungen lehnen wir ab.« Das Verhältnis von AfD und *Pegida* wird also noch ausgehandelt und pendelt zwischen Verbündung und Distanzierung.

Die antiislamische Szene ist bei *Pegida* noch präsenter als die extreme Rechte und die AfD. Auf Demonstrationen in diversen Städten sieht man immer wieder die Fahnen der *Identitären Bewegung*, der *German Defence League* und die Werbebanner von PI. Als Redner bei *Pegida*-Veranstaltungen in verschiedenen Städten fungierten der einflussreiche antiislamische Aktivist Karl-Michael Merkle, der sich Michael Mannheimer nennt, der Vorsitzende der *Bürgerbewegung Pax*

Europa, René Stadtkewitz, und die islamfeindlichen Buchautoren Udo Ulfkotte und Akif Pirinçci. Die Reste der Partei *Die Freiheit* fanden sich ebenfalls bei *Pegida* wieder: Michael Stürzenberger stand in verschiedenen Städten auf dem Podium und organisierte außerdem eine Münchner *Pegida*-Variante.

Was im Herbst 2014 mit 350 Menschen in Dresden begonnen hatte, ist zu einer deutschlandweiten Bewegung der antiislamischen Szene geworden. Aktivisten, die sich schon jahrelang mit mäßigem Erfolg antiislamisch betätigt hatten, haben in *Pegida* eine wirkmächtige Möglichkeit gefunden, um ihre Ablehnung von Islam und Muslimen gesellschaftlich zu verbreiten, zu verankern und zu vermehren.

IM ZERRSPIEGEL
– Der Islam seiner Gegner

Terror-Religion

Jedes Handgepäckstück wird durchleuchtet. Eine Banalität und Selbstverständlichkeit an den Flughäfen in London. Doch Christian N. traut seinen Augen nicht. Einer der Gepäckscanner wird von einer Frau mit Kopftuch kontrolliert. Er holt seine Kamera hervor und schießt schnell ein leicht verwackeltes »Beweisfoto«, das er sogleich an die antiislamische Website PI mailt. Dazu schreibt er ein paar Zeilen: Seine Begegnung sei »verstörend« gewesen, da die Sicherheitsvorkehrungen ja speziell »wegen jener Leute aus diesem Kulturkreis, die uns schaden wollen«, bestehen würden. Leser »Bananenschale« fragt daraufhin, was »den Bock zum Gärtner machen« eigentlich auf Englisch heiße. Die Grundannahme dieser Aussagen ist eindeutig: Alle Muslime sind Terroristen oder zumindest Terror-Sympathisanten.

Die antiislamische Bewegung hat sich eine Terror-Religion geschaffen: eine dämonische Verzerrung des Islams, der die Schuld an allem Übel in der Welt tragen soll. Diese Anti-Religion hat auch ein eigenes Vokabular hervorgebracht. Moscheen werden »Hassreaktoren«, »Korankraftwerke« oder »Islamkasernen« genannt. Muslime sind »Musel«, »Hinternhochbeter« oder, wenn sie einen Schleier oder ein Kopftuch tragen, »Putzlumpentussis«. Schleier sind »Stoffkäfige«, Minarette »Plärrtürme«, und der Koran ist ein »Handbuch für Terroristen«. Das vermeintliche Gefahrenpotential des Islams wird zudem betont, indem ihn Islamfeinde immer wieder sarkastisch als die »Religion des Friedens« bezeichnen und damit das Gegenteil meinen. Dem Islam sprechen seine Gegner zudem ab, überhaupt eine Religion zu sein. Sie bezeichnen ihn stattdessen als politische Ideologie, wie die AfD-Europaabgeordnete Beatrix von Storch in der *Frankfurter Allgemeinen Sonntagszeitung* vom 17. April 2016: »Der Islam ist an sich eine politische Ideologie, die mit dem Grundgesetz nicht vereinbar ist.«

Im Spiegel der Islamgegner werden Islam und Muslime zu einer undifferenzierten und bedrohlichen Masse verzerrt. Grundlage dafür ist die bewusste Ablehnung der Unterscheidung zwischen Islam und Islamismus, sprich zwischen Religion und politischer Bewegung. So wird der Eindruck erzeugt, Gewalttätigkeit und Terrorismus seien gesamtislamische Phänomene. Stefan Herre von PI behauptete in einem Interview mit der rechtskonservativen Wochenzeitung *Junge Freiheit* aus dem Jahr 2007, dass es ein Trugschluss sei zu glauben, »Selbstmordattentäter, Bombenleger und Christenmörder« hätten nichts mit dem »friedlichen Islam« zu tun.

Die tödliche Gefahr

Der im Dezember 2010 beginnende so genannte »Arabische Frühling«, den Islamgegner schon früh als »islamischen Winter« bezeichneten, und vor allem der Bürgerkrieg in Syrien seit 2011 hatten zur Folge, dass in den antiislamischen Debatten vermehrt unterschiedliche islamische Glaubensrichtungen thematisiert werden. Trotz dieser Differenzierungen halten Islamgegner größtenteils an der Darstellung des Gesamtislams als Bedrohung fest und konzentrieren sich nicht etwa auf die sunnitisch-islamistischen bis dschihadistischen Varianten.

Dieser homogenisierte Gesamtislam hat in den Augen vieler Islamgegner das Ziel, die ganze Welt unter seine Kontrolle zu bringen. Auf PI wird seit 2004 prognostiziert, dass die Menschen in Deutschland »in zwei, drei Jahrzehnten in einer weitgehend islamisch geprägten Gesellschaftsordnung leben müssen«. Solche Szenarien werden auch in Buchform gedruckt, beispielsweise in Udo Ulfkottes Bestseller »Mekka Deutschland. Die stille Islamisierung«.

Islamgegner behaupten, es werde systematisch eine muslimische Masseneinwanderung nach Deutschland und Europa vollzogen, ein »demografischer Dschihad« und »Geburtendschihad«. Eine besonders drastische Darstellung zeigt ein verschleiertes Frauenskelett. Die Untote ist schwanger, allerdings nicht mit einem menschlichen Kind, sondern mit einer Bombe mit brennender Zündschnur. Zu lesen ist »The Other Islamic Bomb« – die andere islamische Bombe. Muslimische Kinder werden so zu militärischem Kriegsgerät und einer existenziellen Bedrohung erklärt. Die Frauenfigur wird entmenschlicht und damit die Gesamtheit der Muslime, die sie repräsentiert. Der Islam ist der Tod und zerstört gewaltsam alles Leben, ist die Essenz der Grafik. Zugleich fordert eine solche Darstellung den Betrachtenden zu Gegenmaßnahmen auf, will er der »islamischen Bombe« noch entkommen, ähnlich dem zu Beginn des Buches erwähnten Karzinom-Vergleich aus Dresden.

Ein Gespenst geht um in Europa

Unter der Islamisierung Deutschlands und Europas verstehen Islamgegner eine vollständige Umgestaltung der bestehenden Ordnung, an der gesellschaftliche Eliten aktiv mitwirken würden. Klaus W., ein einflussreicher antiislamischer Aktivist, der hier namentlich nicht erwähnt werden möchte, nennt als Beispiele Frauenbadetage, nach dem islamischen Reinheitsgebot zubereitete Speisen in Kantinen und Kindergärten, den »Moscheebauwahn«, islamischen Religionsunterricht, die »ungenierte Ausplünderung der Sozialsysteme«, Integrationsverweigerung, »Gewalt gegen Inländer, insbesondere Frauen und Andersgläubige«, die »Einführung der Scharia ins Rechtssystem« und die »Ablehnung der demokratischen Ordnung«. Klaus W. fasst damit zusammen, was viele Islamgegner behaupten.

Doch wird Deutschland tatsächlich islamisiert? Die höhere Geburtenrate bei muslimischen Migrantinnen trifft für die erste Generation zwar zu, die Demografieforscherin Nadja Milewski stellt jedoch fest, dass sich die Geburtenrate von Frauen mit Migrationshintergrund in Deutschland bereits in der zweiten Generation an den Rest der Bevölkerung angleicht und nur noch leicht erhöht ist. Wenn man dazu Alter, Familienstand, Geburtsjahrgang, Bildungshintergrund und Erwerbstätigkeit der Frauen sowie Bildung und Erwerbstätigkeit des Partners berücksichtigt, gibt es keine Unterschiede mehr zwischen Frauen mit und ohne Migrationshintergrund.

Die These der planmäßigen Islamisierung durch eine höhere Geburtenrate ist also wissenschaftlich nicht haltbar. Die Zahl der muslimischen Menschen wird sich in Deutschland seriösen Schätzungen zufolge bis zum Jahr 2030 maximal auf sieben Prozent der Einwohner erhöhen. Zu diesem Ergebnis kommt das US-amerikanische Forschungsinstitut *Pew*, wobei allerdings die seit 2015 deutlich angestiegenen Flüchtlingszahlen noch nicht berücksichtigt wurden. Dennoch kann man festhalten, dass die meisten islamischen Organisationen versuchen, mit Staatsverträgen, Feiertagen, Schulunterricht, Moscheen, Friedhöfen und dergleichen lediglich einen Platz in der deutschen Gesellschaft zu erlangen, der anderen Religionsgemeinschaften bereits zuerkannt wird.

Islamisierung des Islams
Viele Islamgegner betreiben allerdings selbst Islamisierungen, indem sie diverse negative Phänomene zu islamischen erklären. So lautet die Überschrift eines Artikels, der kurz nach den Anschlägen von Anders Behring Breivik im Juli 2011 auf PI erschienen ist: »Warum bombt Islam ausgerechnet in Oslo?« Der Islam wird hier und in vielen anderen antiislamischen Darstellungen zu einer handelnden Einheit, wodurch der Anschlag auf alle Menschen zurückfällt, die sich zu der Religion bekennen. Weiter heißt es in dem Artikel, dass zwar noch gar nicht feststehe, »ob es der Islam war, der heute in Oslo und Umgebung gebombt und geschossen hat, aber die Wahrscheinlichkeit ist sehr hoch.« Tatsächlich hatte der Islamfeind und selbsternannte Kreuzritter Breivik 77 Menschen ermordet, vor allem Mitglieder der Jugendorganisation der sozialdemokratischen *Arbeiderpartiet*, die er für die angebliche Islamisierung Norwegens verantwortlich macht.

Islamgegner gelangten zu ihrer Fehleinschätzung über die Urheberschaft der Anschläge, weil viele von ihnen alle negativen Ereignisse mit vermeintlich muslimischer Beteiligung, ob sie in New York, Neu Delhi oder Neuss passieren, auf den Islam zurückführen.

Diebstahl, Mord oder Sozialhilfebetrug: Ursache ist immer der Islam, sofern Islamgegner Beteiligte als Muslime identifizieren. Sie präsentieren viele negative Phänomene als genuin islamische Erscheinungen und leugnen die deutlich komplexeren sozialen Zusammenhänge. Die Islamisierung von Straftaten geschieht dabei auch unter Rückgriff auf den Koran. So schreibt die PI-Redaktion in Zusammenhang mit der Verhaftung eines arabischstämmigen Mannes, der in Berlin ein Pokerturnier überfallen haben soll: »Bisher ist noch nicht bekannt, ob sich der Festgenommene bei seiner Verteidigung auf die Koran-Sure 48, Vers 20 beruft: ›Allah hat euch viel Beute verheißen‹.« Die Redaktion suggeriert, dass ein arabischstämmiger Mann eine Straftat begehen würde, weil der Koran dies legitimiere und sogar vorschreibe. Der reale Tatkontext wird ignoriert, einzig der Islam dient als Erklärung der Kriminalität.

Der Islam wird von seinen Gegnern zudem zur Bedrohung stilisiert, indem sie fast ausnahmslos über negative Geschehnisse berichten. Taten einzelner Personen werden als repräsentativ für die Gesamtheit der Muslime dargestellt. Der Islam, und nicht Einzelpersonen, wird durch die Auswahl der veröffentlichten Meldungen zur Bedrohung.

Kriminelle Muslime?

Die Darstellungen der Islamgegner hätten in Teilen möglicherweise ihre Berechtigung, wenn Muslime in Deutschland tatsächlich gewalttätiger und krimineller wären als der Rest der Bevölkerung. Das ist jedoch nicht der Fall, wie u. a. die Juristin Katrin Brettfeld in ihrer Studie »Schuf Gott am 8. Tag Gewalt?« aus dem

Jahr 2009 festgestellt hat. Sie kommt zu dem Ergebnis, dass männliche junge Muslime zwar eine erhöhte Kriminalitätsrate aufweisen, allerdings trifft das auch auf junge Christen mit Migrationshintergrund im Vergleich zu jungen Christen ohne Migrationshintergrund zu.

Die Migrationserfahrung scheint also stärkere Auswirkungen auf die Kriminalität zu haben als die Religionszugehörigkeit. Zudem verweist Brettfeld darauf, dass vor allem »einschlägige Risikofaktoren« wie »eine geringe Selbstkontrolle, ein niedriges Bildungsniveau, mangelnde elterliche Supervision und eine hohe Anzahl delinquenter Freunde« religionsunabhängig eine höhere Kriminalitätsrate nach sich ziehen. Sie betont zudem die Geschlechterrollen: Liegt ein »traditionelles Rollenbild« vor, steigen auch Gewaltbereitschaft und Befürwortung von Gewalt. Das gilt für Muslime wie für Christen, allerdings seien bei muslimischen Jugendlichen traditionelle Geschlechtervorstellungen häufiger anzutreffen und nähmen bei ausgeprägterer Religiosität zu. Dass Muslime krimineller sind, weil sie Muslime sind, ist wissenschaftlich dennoch nicht nachgewiesen.

Die Verknüpfung des Islams mit problembehafteten Themen spielt sich derweil nicht nur unter Islamgegnern ab. In der medialen Öffentlichkeit in Deutschland wurden Debatten um Zuwanderung, Integration, Kriminalität oder Geschlechtergerechtigkeit in den vergangenen Jahren islamisiert. Das heißt, der Islam ist als ein erklärender Faktor für diese Phänomene hinzugetreten und verdrängt teilweise andere Erklärungen. Menschen mit ganz unterschiedlichen Biografien, Herkunftsregionen und (nicht-)religiösem

Alltag werden so in der öffentlichen Wahrnehmung zu einer homogenen muslimischen Masse – vom kurdischen Kommunisten bis zur indonesischen Ingenieurin. Islamgegner radikalisieren also nur, was auch in etablierten deutschsprachigen Medien betrieben wird.

Opfer oder Täter?
Der Islam ist in den antiislamischen Darstellungen die ultimative Bedrohung für die Menschheit, aber welche Rolle kommt dabei den Muslimen zu? Die Islamgegner haben hier keinen einheitlichen Standpunkt. Meist erscheinen muslimische Menschen als die Ausführenden des Islams und damit als Täterinnen und Täter. Wiederholt betonen Islamgegner jedoch auch, dass sie gar nichts gegen Muslime als Menschen hätten, sondern ihnen helfen wollten.

Ein Aktivist, der als Redner bei *Pegida* in mehreren Städten auftrat, hier namentlich nicht genannt werden möchte und den ich deshalb Achim C. nenne, brachte diese ambivalente Sicht mir gegenüber wie folgt auf den Punkt: »Die Menschen sind gehirngewaschen, der Islam ist eine massive Gehirnwäsche. Ich bekämpfe die Ideologie, nicht den einzelnen Moslem. Natürlich kann man das eine vom anderen nicht immer unterscheiden, besonders dann, wenn ein Moslem sich aktiv daran beteiligt. Aber diese Ideologie ist nicht nur ein intoleranter und höchst gefährlicher Repressionsapparat gegenüber Nicht-Muslimen, sondern noch intoleranter und noch gefährlicher gegenüber Muslimen.«

Derartige Bekundungen finden in den täglichen Debatten der antiislamischen Szene jedoch häufig keine Berücksichtigung. Islamgegner haben viele hetzerische Bezeichnungen für Muslime erfunden und behaupten immer wieder, dass es keine friedlichen Muslime gebe, sondern höchstens solche, die sich verstellen würden, um »die Ungläubigen« zu täuschen – erinnert sei an die zu Beginn dieses Kapitels geschilderte Begegnung am Londoner Flughafen. An diesen und vielen weiteren Beispielen zeigt sich, dass der Gesamtheit der muslimischen Menschen in den Debatten der Islamgegner häufig ein negativer Charakter zugeschrieben wird, der dem teilweise formulierten Anspruch entgegensteht, Muslime als individuelle Menschen ansehen und ihnen helfen zu wollen.

Differenzierungen und Propaganda
In persönlichen Gesprächen äußern sich viele Islamgegner allerdings deutlich differenzierter über Islam und Muslime. Ein PI-Aktivist, der ebenfalls anonym bleiben möchte, sagte mir, er gehe davon aus, dass es sich bei 60 Prozent der Muslime in Deutschland um »Kulturmuslime« handele: »Es ist für mich eine andere Sache, ob ich mit einem Salafisten rede oder mit meinem türkischen Imbissbudenbesitzer. Die mögen sich untereinander auch nicht.«

Ein anderer Aktivist, der aus dem Iran stammt und in einer schiitischen Familie aufgewachsen ist, erklärte mir, dass es sehr viele liberale Muslime gebe, »die hier ganz normal in Deutschland leben.« Solche und ähnliche Aussagen legen nahe, dass die Aktivisten persönlich keine Pauschalurteile über Muslime pflegen, sondern sich differenziert mit den islamischen Strömungen und Lebensrealitäten auseinandergesetzt haben.

Auf gezielte Nachfragen nannten mir einige Aktivisten sogar Aspekte am Islam, die sie positiv bewerten. Klaus W. erwähnte eine ausgeprägte »Gastfreundschaft« und die »ordnende Funktion«, die der Islam in manchen Gesellschaften übernehme. Ein junges Mitglied der *Pro-Bewegung* lobte den »Zusammenhalt«, den er bei Muslimen erkenne. Im Anschluss begründeten die Aktivisten allerdings, warum sie den Islam trotz der positiven Aspekte kritisieren. Auch Michael Stürzenberger schränkt die von ihm genannten positiven Eigenschaften sofort wieder ein: »Die barmherzigen und sozialen Aspekte beziehen sich leider nur auf die Gemeinschaft der Rechtgläubigen, auf die Umma.« Auch habe Muhammad zwar »für einen Fortschritt bei den Frauenrechten« gesorgt, das Problem sei jedoch, »dass sich seitdem in der islamischen Lehre nichts mehr positiv weiterentwickelt hat.«

Ein anderer PI-Aktivist spricht von einem »funktionierenden Familienideal« im Islam, das jedoch »wieder übertrieben« werde. Zugleich erkennt er einige gemeinsame Werte bei Islamgegnern und Muslimen, da es sich bei beiden Gruppen um »relativ konservative Menschen« handle, die ein ähnliches Familienideal hätten und »eine gewisse Einstellung gegenüber einer übertriebenen Zurschaustellung von Homosexualität.« Ein weiterer anonymer Aktivist sieht ebenfalls Gemeinsamkeiten zwischen »islamischen« und »christlich-konservativen« Werten: »Also ich persönlich bin so ein absoluter Abtreibungsgegner, und ich denke, da könnte ich mich mit dem Islam offiziell sehr gut einigen.« Auch bei den Themen »Sexualmoral« und Geschlechterrollen stellt er Überschneidungen fest.

Gemeinsamkeiten mit dem Islam erkennen die Aktivisten also vor allem bei Einstellungen, die von ihnen als konservativ empfunden werden. Dabei kritisieren sie jedoch zumeist, dass Muslime diese Werte nicht auf die richtige Weise ausleben würden. Differenzierungen dieser Art bleiben in der antiislamischen Szene allerdings Ausnahmen. Sie bedeuten, dass Aktivisten durchaus in der Lage wären, öffentlich ausgewogene Standpunkte zum Islam zu vertreten, dies aber in der Regel nicht tun – möglicherweise, weil die von ihnen gewählten einseitigen Islamdarstellungen ihren politischen Zielen zuträglicher sind.

DAS BÖSE AN SICH
– Die antiislamische Theologie

Freundschaft
Es ist Weihnachten, als bei der Frau in Jakarta das Telefon klingelt. Sie ist Sunnitin, wie die meisten Menschen in Indonesien. Am anderen Ende der Leitung meldet sich ein alter Freund aus Süddeutschland, der sich ebenfalls nicht als Christ versteht, sondern als Atheist: »Und, was hast Du heute so gemacht?«

»Ich war in der Moschee und habe gebetet.«

Der Freund wird hellhörig: »Wofür hast Du gebetet?«

»Für den Frieden.«

»Frieden wo, mit was?«

»Frieden mit allen. Ich will, dass es allen Menschen gut geht. Den Christen, den Buddhisten und den Muslimen.«

Jetzt ist der Mann ganz ernst, fast schon zornig: »Aber Du weißt, dass diese Gebete nicht im Einklang stehen mit Deiner Religion?«

Die Frau stutzt: »Wieso das?«

Der Mann holt seinen Koran hervor, den er schon oft durchgearbeitet hat, und liest ihr ein paar Verse vor. Wie diese: »Oh ihr Muslime, nehmt euch keine Juden und Christen zu Freunden. Und tötet die Ungläubigen, wo immer ihr sie findet.«

Der Mann ist ein Aktivist der antiislamischen Szene, der hier anonym bleiben möchte. Die Geschichte mit seiner »alten Freundin« aus Jakarta hat er mir kurz nach Weihnachten 2012 geschildert. Er will damit illustrieren, wie schlecht sich viele Muslime in ihrer eigenen Religion auskennen würden. Im Umkehrschluss bedeutet das: Der Aktivist glaubt, im Besitz der einzig korrekten Auslegung des Islams zu sein. Es ist die radikalste Lesart der Religion, von der er hier auch die Frau in Indonesien zu überzeugen versucht.

Buchstabentreue
Viele Islamgegner glauben aus tiefster Überzeugung, dass der Islam das ultimative Böse und nicht reformierbar sei. Sie sind als Nicht-Muslime Verfechter eines islamischen Fundamentalismus und sie vertreten dabei eine literalistische Islamauslegung. Literalismus bedeutet, dass religiöse Schriften wortgenau befolgt werden sollen. Damit geht die Auffassung einher, dass die aus den Texten herausgelesenen Werte, Ordnungen und Handlungsanweisungen für alle Ewigkeit gültig sind und in einem neuen räumlichen und zeitlichen Kontext nicht anders interpretiert werden dürfen. Auf diese Weise konstruieren Salafisten aus dem Koran und ausgewählten Hadithen, also Überlieferungen zu Muhammads Leben und Lehren, die von ihnen angestrebte rückwärtsgewandte Gesellschaftsordnung.

Ebendiese archaische Ordnung lesen auch Islamgegner in Koran und Hadithe hinein. Sie sehen ihre Islaminterpretation also als ewig gültige Handlungsanweisung für alle Muslime an. So engagieren sie sich gegen Modernisierung und Pluralismus des Islams und verteidigen ihr Islamverständnis gegen moderatere Auslegungen, wie es im eben geschilderten Telefonat deutlich wird.

In ihrer Islamauslegung konzentrieren sich Islamgegner auf negative Aussagen des Korans. Beispielsweise stellte die Partei *Die Freiheit* eine Übersicht vermeintlich »verfassungsfeindlicher« Koranverse zusammen: »Tötet die Ungläubigen«, »nehmt sie Euch nicht zu Freunden«, »zu kämpfen ist Euch vorgeschrieben« und dergleichen. Solche Auflistungen finden sich auch auf antiislamischen Flugblättern, Plakaten und massenhaft im Internet.

Dabei zitieren die Islamgegner ausschließlich Verse, die für westliche Ohren negativ klingen. Positive Verse, die sich ebenfalls zahlreich finden lassen, werden nicht zitiert, weil sie im Islamverständnis der Islamgegner durch die negativen Verse ungültig werden. Deshalb bietet die Internetseite PI die Koransuren in chronologischer Reihenfolge zum Download an. Sie sollen nachvollziehbar machen, welche Aussagen des Korans von späteren Passagen aufgehoben werden, wie es in Teilen der islamischen Theologie gehandhabt wird. Diese Art der Koranauslegung wird *Abrogation* genannt, was im Lateinischen »abschaffen« bedeutet. Die Suren des Korans sind normalerweise nicht nach ihrem Entstehungszeitpunkt geordnet, sondern bis auf eine Ausnahme der Länge nach.

Das Abrogationsprinzip wird von Islamgegnern häufig thematisiert. Der einflussreiche Aktivist Michael Mannheimer ist in seinem auf der Internetseite PI veröffentlichten Essay »Das Abrogationsprinzip im Islam« der Meinung, dass der Islam ohne Abrogation eine Religion sei, »in der alle Werte sowie deren Gegenteil gleichzeitig gelten: und damit eine Religion der Beliebigkeit und Wertlosigkeit«. Die Abrogation allerdings mache den Islam zu einer »Religion des Terrors gegen Andersgläubige« sowie zur »einzigen Weltreligion mit einer göttlich verbrieften Lizenz zum Lügen, Betrügen und zum Töten«. Mannheimer verkennt, dass diese Art der Islamauslegung nur eine unter vielen möglichen ist, und nicht die einzige und unumstößliche Wahrheit. Abrogation ist kein Naturgesetz, sondern eine theologische Entscheidung von Menschen.

Der einzig wahre Islam
Wenn Muslime der antiislamischen Koranauslegung widersprechen, wie beispielsweise die eben vorgestellte Frau aus Jakarta, wird das von Islamgegnern als Irrtum, Lüge oder Täuschungsversuch abgetan. Sie verweisen dabei auf den Wortlaut des Korans. Für viele Islamgegner müssen alle »echten« Muslime gewalttätige Eroberer und Mörder sein oder dieses Verhalten zumindest unterstützen. So sagte PI-Gründer Stefan Herre 2007 in der rechtsgerichteten Zeitschrift *eigentümlich frei* in Bezug auf Attentäter, die sich intensiv mit dem Islam beschäftigt hätten: »Die haben ihren Koran schon ganz richtig verstanden, bestimmt besser als der viel zitierte freundliche Gemüsehändler, der kein Wässerchen trüben kann.«

Ein PI-Nutzer mit dem Pseudonym »terminator« hält ganz ähnlich fest: »Pierre Vogel hat in der Beziehung schon recht: Er predigt den wahren Islam.« Pierre Vogel ist ein bekannter deutscher Salafist. Im »wahren Islam« der Islamgegner sind Frauen nur halb soviel wert wie Männer und müssen sich in der Öffentlichkeit verhüllen. Dieben sollen die Hände abgehackt werden. Auf Homosexualität und Apostasie, den »Abfall vom Glauben«, steht die Todesstrafe. Dschihadisten würden diesen Ansichten wohl sofort zustimmen, aber die Lebenswirklichkeit des Großteils der Muslime auf der Welt sieht anders aus.

Als Vorbild für ihren archaischen Schreckensislam präsentieren Islamgegner derweil den Propheten Muhammad. Sie interpretieren seine Lebensgeschichte ausschließlich negativ. Klaus W. sagte mir, man könne Muhammad »nach unseren heutigen Vorstellungen jederzeit in die Rubrik der Kinderschänder, Kriegsherren und Massenmörder« einstufen. Achim C. sieht in Muhammad einen »Psychopathen allerersten Ranges, von dem Format eines Stalin oder Idi Amin«.

Islamgegner werfen Muslimen vor, ihren Propheten als zeitloses Vorbild für die Ermordung von nicht-muslimischen Menschen und territoriale Eroberungen zu verstehen. Zudem attestieren sie Muhammad physische und psychische Krankheiten. Er sei geisteskrank gewesen und habe »den Überblick über sein zusammenfantasiertes ›Werk‹ völlig verloren«, diagnostiziert die *Bürgerbewegung Pax Europa* – Ansichten, die aus den »klassischen« europäischen Islamstereotypen bekannt sind.

Glaube an den Antiislam

Solche Glaubenssätze durchziehen die Argumentationen der Islamgegner nicht nur in Bezug auf Muhammad, sondern auch, wenn es um Gott bzw. Allah geht. Gott ist die deutsche Übersetzung des arabischen Begriffs Allah und umgekehrt. Auch arabischsprachige Christen beten zu »Allah«. Zudem sind christlicher, jüdischer und muslimischer Gott in der islamischen Theologie in der Regel ein und derselbe: Was Gott Moses und Jesus offenbarte, sandte er später auch auf Muhammad herab, lautet das islamische Selbstverständnis.

Antiislamische Aktivisten weisen dieses Gottesverständnis strikt zurück. Sie sehen in Allah die hasserfüllte

Gottheit des Islams, die nichts mit dem barmherzigen jüdisch-christlichen Gott zu tun habe. In einem PI-Artikel mit der Überschrift »Allah ist das Problem« ist zu lesen: »Allah ist nicht JHWH (Jahwe; Gott der Bibel und Gott der Juden und Christen), sondern Allah ist eben der Gott des Islams, des Korans und seiner Gläubigen, den Moslems, und steht dem Gott der Bibel diametral entgegen.« Nutzer »terminator« behauptet bei PI: »Mohammed ist der Anti-Christ und Allah ist der Teufel. Das hat Jesus schon so in der Bibel vorhergesagt.« Mit der konsequenten Verwendung des Begriffs Allah für den islamischen Gott unterstreichen Islamgegner dieses separierende Gotteskonzept, das Distanz zwischen Muslimen und Nicht-Muslimen herstellen soll.

Neben Allah hat auch der arabische Begriff *Taqiyya* unter Islamgegnern große Bekanntheit erlangt. Da sie überzeugt sind, dass der Islam ultimativ böse ist und alle Muslime daran mitwirken müssen, diffamieren sie anderslautende Aussagen als Täuschungsversuche und Lügen. Dabei spielt die Taqiyya eine zentrale Rolle. Der Begriff bedeutet aus dem Arabischen übersetzt »Furcht« oder »Vorsicht«. In der islamischen Theologie, vor allem der schiitischen, erlaubt das Taqiyya-Prinzip einem Muslim zu lügen und seinen Glauben zu verbergen, falls sonst sein Leben in Gefahr geraten würde.

Islamgegner hingegen sind der Überzeugung, mit der Taqiyya besonders gut die vermeintliche Verschlagenheit des Islams und der Muslime verdeutlichen zu können. Sie verstehen das Konzept als Aufruf zur bewussten Täuschung aller nicht-muslimischen Menschen und behaupten, dass viele Muslime sich zwar friedlich geben würden, tatsächlich aber Europa unterwerfen wollten. Eine Anhängerin der Partei *Die*

Freiheit, die heute bei der AfD aktiv ist, sagte mir, dass Salafisten »ihre Ziele ganz offen nach außen tragen«, sie jedoch davon ausginge, dass »auch andere Muslime genau diese Ziele verfolgen, sie nur einfach nicht so konkret nennen und in der Öffentlichkeit preisgeben«.

Der Taqiyya-Generalvorwurf gegenüber allen Muslimen diskreditiert jede Aussage, die nicht in das Bild des bösen Islams passt, als Lüge. Jedes Abstreiten des Lügens wird in dieser Logik als ein weiterer Betrugsversuch begriffen. Argumentativ ist diesem perfiden Vorwurf also nicht beizukommen.

Terror als Mittel

Für Islamgegner müssen alle Muslime, anderslautenden Bekenntnissen zum Trotz, dem antiwestlichen Terror anhängen. Beim Begriff »Terrorismus« denken die meisten Menschen in Deutschland wohl nicht zuerst an Baader, Breivik oder Böhnhardt, sondern an bin Laden und Co.: bärtige Männer mit Tarnkleidung und Kalaschnikows. Terror und Islam sind im westlichen Weltbild eng verknüpft, auch bei Achim C., der mir gegenüber feststellte: »Ohne Korankenntnisse wird ein Mensch kein Terrorist.«

Diese Aussage ist bemerkenswert, denn es ist abwegig zu behaupten, dass RAF, IRA, ETA und viele andere Organisationen ihre Ideologien aus dem Koran bezogen hätten. Achim C.s Ansicht ist vielmehr Ausdruck seiner antiislamisch-konditionierten Weltsicht, in der der Islam Ursprung und Ausdruck alles Schlechten ist.

Zugleich nutzen antiislamische Aktivisten die Propaganda muslimischer Terroristen für ihre eigenen Zwecke. In etwa seit Beginn des Bürgerkriegs in Syrien im Frühjahr 2011 verbreiten Michael Stürzenberger und andere auf PI vermehrt Videos und Fotos, die von dschihadistischen Gruppierungen erstellt wurden. Zu sehen sind zumeist Ermordungen von Männern, bei denen es sich angeblich um Kriegsgefangene oder Zivilisten handelt.

Die Islamgegner verwenden die brutalen Dokumente, um zu vermitteln, wie aus ihrer Sicht »der wahre Islam« aussieht. Sie machen sich damit den Terror von Gruppen wie *Islamischer Staat* (IS) in Syrien und Irak oder *Boko Haram* in Nigeria zunutze. Damit helfen sie diesen Gruppen zugleich, ihre Propaganda zu verbreiten, denn Terrorismus ist nicht ein Anschlag, ein Mord oder eine Entführung an sich, sondern erst die mediale Vermittlung und Kontextualisierung der Tat machen den Terrorismus aus. Dieser soll Schrecken bei den Feinden und Bewunderung bei potentiellen Unterstützern hervorrufen. Bei terroristischer Gewalt geht es nicht in erster Linie um territoriale Eroberungen, sondern um Kommunikation.

Staaten und Gruppierungen versuchen zumeist, von ihnen begangene Menschenrechtsverletzungen geheimzuhalten. Der IS und andere Dschihadisten hingegen sorgen selbst für die Dokumentation ihrer Gewalttaten und verbreiten entsprechende Fotos und Videos weltweit. Große deutsche Medien beschreiben entsprechende Dokumente in der Regel zwar, verwenden und verlinken sie jedoch aus ethischen und strategischen Gründen kaum – mit Ausnahmen wie der Boulevardzeitung *Bild*, die sich m. E. regelmäßig zum Propagandainstrument des IS macht.

Noch expliziter sind jedoch die von der antiislamischen Szene verwendeten Dokumente. Ihre Websites dürften daher für Nutzer des deutschsprachigen Internets, die sich nicht direkt aus dschihadistischen Quellen informieren, maßgebliche Medien für den Konsum dschihadistischer Propaganda sein. Die Islamgegner vermitteln die Dokumente des Terrors an eine der Zielgruppen der Dschihadisten: die westlichen Gesellschaften, die Schrecken erfahren sollen. Die antiislamischen Aktivisten betätigen sich als Kommunikationshelfer des Terrors.

Dschihadisten wollen mit ihrem Terror Muslime und Nicht-Muslime entzweien und gegeneinander aufwiegeln. Islamgegner teilen dieses Ziel, nutzen jedoch andere Mittel. Beide Seiten versuchen, unter Verwendung identischer Dokumente den Islamdiskurs in ihrem Sinne zu beeinflussen. Dschihadisten und Islamgegner haben sich so in ihrer radikalen Islamauslegung geistig verbrüdert, auch wenn sie das vermutlich nicht zugeben würden.

Fordern und verhindern
Zugleich fordern Islamgegner innerislamische Reformen, um »die Religion mit den Menschenrechten in Einklang zu bringen«. Michael Stürzenberger sagte mir: »Ziel muss sein, den Islam zu modernisieren und die gefährlichen Bestandteile aus dieser Religion herauszunehmen. Dadurch werden auch die Muslime selbst befreit, die sich in einem regelrechten geistigen Gefängnis befinden.«

Paradoxerweise handelt Stürzenberger jedoch immer wieder seiner eigenen Forderung zuwider. Wenn Muslime gegenüber dem Aktivisten problematische Koranpassagen anders auslegen als er selbst, verweist er in fundamentalistischer Manier auf den Wortlaut des Korans. So erklärte Stürzenberger nach einer Kundgebung in Stuttgart: »Muslime versuchten mit den bekannten Schein-Argumenten wie ›falsch übersetzt‹ und ›aus dem Zusammenhang gerissen‹ frauenfeindliche Koranstellen anzuzweifeln, aber das hatten wir schnell ausgekontert.«

Mit Bezug auf die heilige Schrift der Muslime weist Stürzenberger eine gemäßigtere Islamauffassung als seine eigene als theologisch unzutreffend zurück. Dass die von ihm angeblich geforderte »Modernisierung des Islams« auf diese Weise unmöglich ist, wird von ihm und anderen Aktivisten entweder nicht reflektiert oder sie bewegen sich bewusst in diesem Gegensatz. Dieser Sachverhalt kann als antiislamisches Paradoxon bezeichnet werden: Islamgegner fordern die »Modernisierung des Islams«, weisen jedoch jedes nicht-fundamentalistische Islamverständnis als falsch zurück.

Die PI-Redaktion schreibt entsprechend: »Man muss es wohl [...] gebetsmühlenartig wiederholen, dass [...] der Koran in Verbindung mit der Sunna [Handlungsweise] und der Biografie des Mohammed keine anderen Interpretationen zulässt.« Wenn dem so wäre, könnten die Islamgegner auf ihre Modernisierungsforderungen verzichten.

»NAZISLAM«
– Das antiislamische Geschichtsverständnis

Weiße Rosen

Sie sind der Inbegriff des innerdeutschen Widerstands gegen die Schreckensherrschaft des Nationalsozialismus: die *Weiße Rose* um Sophie Scholl, Hans Scholl, Alexander Schmorell. Die mutige Kleingruppe junger Menschen war vor allem in München und Ulm aktiv. Viele ihrer Mitglieder wurden verhaftet, verurteilt und vom NS-Apparat hingerichtet.

Die meisten Gruppenmitglieder sind heute weniger bekannt als die Geschwister Scholl. Über sie wurden keine Filme gedreht, sie schafften es kaum in den Schulunterricht oder die Zeitung. Susanne Hirzel (1921-2012), später Zeller-Hirzel, war einer dieser Menschen. Sie schließt sich 1942 der *Weißen Rose* an, damals ist sie 21 Jahre alt. Sophie Scholl hatte die Musikstudentin persönlich davon überzeugt, bei der Widerstandsgruppe mitzuwirken. Hirzel hilft in ihrer Heimatstadt Ulm mit, ein Flugblatt zu verteilen. Auch sie wird erwischt, jedoch nicht zum Tode verurteilt, sondern zu einem halben Jahr Haft, weil ihr die Unrechtsjustiz nicht nachweist, dass ihr der Inhalt des Flugblatts bekannt war. Die Pfarrerstochter hat großes Glück.

70 Jahre später ist Zeller-Hirzel noch immer politisch aktiv. Im Alter von 91 Jahren, fünf Monate vor ihrem Tod, ist sie am 7. Juli 2012 anwesend, als sieben weitere Personen für sich reklamieren, die *Weiße Rose* wiederzugründen. Doch sie wollen nicht gegen die alten Nazis, sondern gegen die neuen gesellschaftlichen Eliten in Deutschland und vor allem gegen den Islam

kämpfen. Bei der *Weißen Rose Stiftung* und dem *Weisse Rose Institut*, die sich dem Geist der *Weißen Rose* verpflichtet sehen, stößt das auf Ablehnung. Von »Pervertierung« ist die Rede und davon, dass die Werte der *Weißen Rose* »auf den Kopf gestellt« würden.

Unter den Aktivisten der »Neuen Weißen Rose« finden sich einige Männer, die in diesem Buch bereits vorgestellt wurden: der Münchner Anti-Islam-Aktivist Michael Stürzenberger, Willi Schwend von der *Bürgerbewegung Pax Europa* und Michael Mannheimer, einer der Vordenker der Szene. Er sagt, dass Susanne Zeller-Hirzel am Ende ihres Lebens mit den gleichen Feinden zu tun hatte wie in ihrer Jugend. Das bedeutet: Was früher der Machtapparat um die NSDAP war, sind für Mannheimer und seine Mitstreiter heute CDU, SPD, ARD, ZDF und viele andere. Das machen sie in ihren Veröffentlichungen immer wieder deutlich.

Die Aktivisten stellen sich selbst eine »Gründungsurkunde« für die »Neue Weiße Rose« aus, die sie mit Portraits der Geschwister Scholl versehen. In dem Dokument sprechen sie davon, dass Deutschland erneut der Bedrohung durch eine totalitäre Ideologie ausgesetzt sei – gemeint ist der Islam. Zugleich stilisieren sich die Islamgegner zu Opfern einer angeblich herrschenden »linken Gesinnungsdiktatur«.

Die Mitglieder der historischen *Weißen Rose* um die Scholls stammten aus einem christlichen, bürgerlichen und konservativen Milieu. Das wollen sich heutige Islamgegner zunutze machen und sich selbst in eben dieser Tradition verorten. So bezeichnete Michael Stürzenberger Sophie Scholl auf der Internetseite PI als »Symbol des rechtskonservativ-bürgerlich-patriotischen Widerstandes gegen den linken National-Sozialismus«.

Stürzenbergers Behauptung, der Nationalsozialismus sei politisch im linken Lager zu verorten, vernimmt man von Rechtspopulisten regelmäßig. Auf diese Weise distanzieren sie sich vom Hitler-Deutschland und erheben sich selbst zum einzig wahren Widerstand gegen die Linken, die Deutschland angeblich noch immer unterdrücken.

Susanne Zeller-Hirzel bewegte sich spätestens seit den 2000er-Jahren in entsprechenden rechten Kreisen. 2009 kandidierte sie für *Die Republikaner* erfolglos bei einer Kommunalwahl in Stuttgart. Im selben Jahr sah sie in einem Interview mit der *Bürgerbewegung Pax Europa* Ähnlichkeiten zwischen Islam und Nationalsozialismus: »Der Fanatismus, der absolute Wahrheitsanspruch und die geistige Einfältigkeit sind sich sehr ähnlich, wie im Islam so auch im Nationalsozialismus. [...] Kritiker der NS-Ideologie wurden damals gleich eingesperrt. Noch sind wir nicht an diesem Punkt angelangt. Aber wenn wir nichts unternehmen, wird es wieder dazu kommen.«

Zeller-Hirzel unterzeichnete zudem einen Appell des neurechten Vordenkers Götz Kubitschek, der inzwischen im Umfeld der AfD in Sachen-Anhalt und bei *Pegida* aktiv ist. Zeller-Hirzels Bruder Hans Hirzel, der ebenfalls bei der *Weißen Rose* mitgewirkt hatte, kandidierte 1994 für *Die Republikaner* für das Amt des Bundespräsidenten.

Die angebliche »Wiedergründung« der *Weißen Rose* ist vor allem als symbolischer Akt zu verstehen, da von der Gruppe bisher keine Aktionen und nur wenige Veröffentlichungen ausgegangen sind.

Islam und Nationalsozialismus

Das Geschichtsverständnis, das sich in dieser »Wiedergründung« manifestiert, ist unter Islamgegnern weit verbreitet. Sie bezeichnen den Islam als faschistisch und setzen ihn mit dem Nationalsozialismus gleich. So heißt es in einem auf PI veröffentlichten offenen Brief: »Wer zum Islam konvertiert, ist im tiefsten Innern ein Nazi.« In einem weiteren Artikel ist zu lesen: »Das einzige Mittel, muslimische Kinder von Antisemitismus und Demokratiefeindlichkeit abzuhalten, besteht darin, sie ihrer faschistischen, nazistischen Ideologie zu entfremden. So wie die Amerikaner einmal in Deutschland ein Entnazifizierungsprogramm durchgeführt haben, sollte es heute in ganz Europa Entislamisierungsprogramme geben.«

Die Gleichsetzung von Islam und Nationalsozialismus geschieht auch unter Rückgriff auf den Antisemitismus. Diesen externalisieren Islamgegner – genau wie die Unterdrückung von Frauen und Homosexuellen – auf Muslime. Sie werden als antisemitische Prototypen gebrandmarkt, während die eigene Gruppe von antisemitischen Ansichten und Handlungen freigesprochen wird. Es trifft dabei zu, dass nicht wenige (junge) Muslime auch in Deutschland antisemitisch eingestellt sind. Nährboden dafür ist der Nahostkonflikt. Die Darstellung der Islamgegner ist dennoch falsch, denn die Studie »Muslimisches Leben in Deutschland« (2009) hat gezeigt, dass muslimische Jugendliche in Deutschland in Bezug auf Religionen nicht intoleranter sind als nichtmuslimische Jugendliche, sofern dabei das Bildungsniveau berücksichtigt wird.

Teilweise wird die Gleichsetzung von Islam und Nationalsozialismus auch subtiler vollzogen, beispielsweise in einer Aussage von PI-Gründer Stefan Herre: »Ich möchte mir nicht, wie manche unserer Großeltern, die im dritten Reich geschwiegen haben, von meinen

Enkelkindern später vorwerfen lassen müssen: ›Ihr habt es doch gewusst – warum habt ihr denn nichts dagegen getan?‹« Folglich stellen sich mit der »Wiedergegründeten Weißen Rose« einige Aktivisten in die Tradition des Widerstands gegen den Nationalsozialismus. Die rechtskonservative Wochenzeitung *Junge Freiheit* unterstützte diese Selbstinszenierung, indem sie am 20. Juli 2007, dem 63. Jahrestag des gescheiterten Stauffenberg-Attentats auf Hitler, ein Interview mit Herre veröffentlichte. In dem Text werden Parallelen zwischen der Widerstandsgruppe um den Wehrmachtsoffizier Stauffenberg und den Aktivitäten von PI gezogen.

Die Verwendung der Wirmer-Flagge ist ein weiterer Aspekt der anti-nationalsozialistischen Selbstinszenierung der islamfeindlichen Bewegung. Die Flagge zeigt ein schwarzes Kreuz mit goldener Umrandung auf rotem Grund und ähnelt damit skandinavischen Flaggen. Entworfen wurde sie von Josef Wirmer, der zu der Widerstandsgruppe um Stauffenberg gehörte. Die Flagge sollte nach dem Sturz Hitlers als neues Nationalsymbol dienen. Der Umsturz scheiterte jedoch, und in der jungen Bundesrepublik konnte sich Wirmers Entwurf nicht gegen die schwarz-rot-goldenen Querbalken durchsetzen, wie sie auch schon in der Weimarer Republik verwendet worden waren.

Im dritten Jahrtausend taucht die Wirmer-Flagge dann auf Demonstrationen rechtspopulistischer Gruppen wieder auf. Bei *Pegida, HoGeSa, Pro NRW* und anderen ist sie zu sehen und soll suggerieren, dass es »konservative« Kräfte damals wie heute mit den gleichen Gegnern zu tun hätten. Anton Wirmer, Sohn des Flaggenschöpfers, bezeichnet das als Verdrehung aller Ideen, für die das Werk seines Vaters stehe.

Der übergeschichtliche Feind
Oft wird in die Gleichsetzung von Islam und Nationalsozialismus auch der Kommunismus bzw. alles als links Empfundene mit aufgenommen. So konstruieren Islamgegner aus diversen politischen und religiösen Strömungen einen einzigen Gegner, der den Konventionen der westlichen Geschichtsschreibung völlig widerspricht. Viele Islamgegner reklamieren für sich ein tiefergehendes Verständnis der historischen Zusammenhänge und Prozesse. Sie inszenieren sich als heldenhafte Minderheit, die sich mutig der vermeintlichen islamisch-nationalsozialistisch-linken Übermacht, dem »Nazislam«, entgegenstellt.

Für Michael Stürzenberger ist der Islam sogar eine »noch viel gefährlichere Ideologie« als der Nationalsozialismus. Er stilisiert die Religion so zur neuen ultimativen Bedrohung Europas, wogegen etwas unternommen werden müsse, bevor es erneut zu spät sei. Auf diese Weise wird dem Islam jegliche Daseinsberechtigung abgesprochen. In diesem Sinn äußerte sich mir gegenüber auch Achim C. Er behauptet, dass der Islam für die meisten und schlimmsten Völkermorde in der Geschichte der Menschheit verantwortlich und damit eine größere Bedrohung als Kommunismus und Nationalsozialismus sei.

Solche Aussagen vernimmt man von Islamgegnern immer wieder. Sie addieren dabei die mutmaßlichen Opferzahlen diverser Kriege und Konflikte der vergangenen 1.400 Jahre, an denen Muslime beteiligt waren. »Der Islam« wird so zu einem übergeschichtlichen Akteur, dem die Handlungen Muhammads genauso zur Last gelegt werden wie die Islamische Revolution im Iran oder der Terror von *al-Qaida* und dem selbsternannten *Islamischen Staat*. Als dämonischer Kriegsfürst zieht »der Islam« in den Darstellungen seiner Gegner eine blutige Spur der Verwüstung durch die Geschichte der Menschheit. »Alle 25 Jahre wird ein großer Völkermord vom Islam gemacht«, sagt Achim C. Häufig rechnen Islamgegner ihrem islamischen Todeskonto 250 Millionen Menschenleben zu. Achim C. nennt noch höhere Zahlen: »Also man nimmt an, dass der Islam zwischen 300 und 600 Millionen Menschen umgebracht hat. [...] Die Gefährdung durch den Islam ist tödlich. Die Zukunft von uns 700 Millionen Ungläubigen in Europa ist katastrophal.«

Wenn »der Islam« in all seinen Manifestationen tatsächlich von Grund auf böse und gefährlich ist, wie es viele Islamgegner verbreiten, ergeben sich daraus weitreichende Konsequenzen. So unterscheidet Achim C. zwar in diverse islamische Glaubensrichtungen, lehnt jedoch alle gleichermaßen ab. »Es gibt für mich auch keine Form des Nationalsozialismus, die für mich akzeptierbar wäre«, erklärte er mir. Indem sich Sunniten, Schiiten, Aleviten und andere Muslime auf Muhammad und den Koran berufen würden, verehrten sie »das Böse an sich«: »Solange das angebetet wird, mögen die sich nennen, wie sie wollen.« Achim C. sagt, er ginge bei seiner Beurteilung des Islams vor wie ein Kriminalist: »Wenn ich in ein Haus reingehe, dann interessiert mich zuerst mal nicht, ob das ein Palast oder eine Holzhütte ist, sondern ich schaue in den Keller und schaue, ob da Leichen sind.«

Aus einem solchen Islamverständnis kann sich als Ziel des »islamkritischen« Handels nur die komplette Auslöschung dieser Religion ergeben.

ISLAMFREIHEIT
– Die Ziele der Islamgegner

Religiöse »Säuberung«

Die blonden Zöpfe der jungen Frau schwingen nach hinten, weil sie mit zornerfülltem Gesicht einen entschlossen Schritt nach vorne macht. Sie trägt ein ärmelloses weißes Kleid, auf dem Kopf einen Metallhelm, in der linken Hand einen Speer und in der rechten einen Schild. Es zeigt ein blaues Kreuz auf weißem Grund, auf das »Europa« geschrieben steht. Der Schritt nach vorn ist eigentlich ein Tritt. Den verpasst die Europa-Kriegerin einem vollbärtigen Schwein, das bekleidet ist mit einem grünen Gewand, gelben Schuhen mit eingerollter Spitze und einem Turban. Mit entsetztem Blick fliegt das Schwein durch die Luft, wobei es offenbar ein Buch hat fallen lassen, auf dem »Koran« zu lesen ist. Die Frau steht bei ihrem Gewaltakt übergroß auf dem europäischen Kontinent und befördert das Schwein über die islamische Mondsichel hinweg gen Osten.

Diese Karikatur war ein knappes Jahr lang an prominenter Stelle auf PI zu sehen. Sie legt den Wunsch nach einem islamfreien Europa nahe, denn würde man sie in Worte fassen, kann dabei nichts anderes herauskommen als der Satz: »Europa schmeißt die Moslem-Schweine raus.« Die Karikatur ist ein klarer Hinweis darauf, wie sich die Redaktion der Internetseite die Zukunft des Kontinents vorstellt. Offen bleibt, ob die bärtige Schweinefigur lediglich für radikale Muslime steht, oder ob sie Muhammad darstellen soll. Für Letzteres spricht, dass die Karikatur im Rahmen eines »Wir zeichnen Mohammed-Tags« von der Website veröffentlicht wurde. Mit diesem Aktionstag reagierten Islamgegner in Europa und den USA im Jahr 2010 auf Proteste gegen Muhammad-Karikaturen. Dann würde der islamische Prophet in der beschriebenen Karikatur Islam und Muslime repräsentieren, die von Europa aus gewaltsam in Richtung islamischer Welt befördert werden.

Diese Interpretation der Zeichnung nimmt die *German Defence League* in einer Adaption vor, die sie auf ihrer *Facebook*-Seite veröffentlichte. Der Schild der Europa-Figur trägt dabei das Wappen der Gruppe und die Karikatur ist überschrieben mit »Islam raus aus Europa«. *Pro NRW* hat laut dem Verfassungsschutz auf seiner *Facebook*-Seite Ähnliches vertreten: »Der Islam muss in Deutschland verboten werden«, war dort im Oktober 2013 zu lesen.

Neben diesen Zukunftsszenarien eines islamlosen Deutschlands bzw. Europas wird von Aktivisten teilweise auch eine Welt ohne Islam als Ziel formuliert. An dieser Stelle sei an das zu Beginn des Buches beschriebene Plakat von einer *Pegida*-Demonstration erinnert, auf dem »Islam = Karzinom« zu lesen ist. Dem Islam wird durch diese Gleichsetzung seine Existenzberechtigung abgesprochen – und Gleichsetzungen dieser Art gibt es in der Szene zahlreich.

Tatjana Festerling nannte den Islam als *Pegida*-Rednerin am 1. Juni 2015 die »tödliche Vergiftung, mit der man die Völker Europas vernichten will«. Auf einem anderen *Pegida*-Plakat war zu lesen, dass der Islam »die Pest des 21. Jahrhunderts« sei – also ebenfalls eine Bedrohung für Leib und Leben. Ähnliches ergibt sich aus einer Aussage, die der Aktivist Achim C. mir gegenüber getroffen hat: »Solange der Islam auf dieser

Welt ist, haben wir ein riesiges Gefährdungspotential.«
Im Umkehrschluss ist die vermeintliche Gefahr erst
gebannt, wenn es keinen Islam mehr gibt. In einem
»Islam-Glossar«, das die *Bürgerbewegung Pax Europa*
über ihre Homepage verbreitete, wird ganz explizit gefordert: »Den Islam und den Koran kann man deshalb
nur auf dem Müllhaufen der Geschichte entsorgen –
aber bitte rückstandsfrei und umweltschonend.«

Ansichten wie diese äußern antiislamische Aktivisten unter ihren bürgerlichen Namen oder in offiziellen Veröffentlichungen eher selten. In der Anonymität
der islamfeindlichen Netzwerke lassen sich jedoch tausendfach Aussagen finden wie die beiden folgenden,
die aus den PI-Kommentarspalten stammen: »Die
einzige sinnvolle Reform des Islam ist dessen kompromisslose Vernichtung.«

»Schmeißen wir alle Rechtgläubigen [gemeint sind
alle Muslime] aus Deutschland raus und gut ist. Ich
habe weder Zeit noch Lust mich mit diesem Abschaum
der Menschheit zu beschäftigen.«

Wie repräsentativ solche Forderungen für die
antiislamische Szene sind, lässt sich aufgrund fehlender Erhebungen nicht feststellen. Betrachtet man
allerdings die Fülle solcher Äußerungen und bedenkt
dazu, dass diesen Sätzen in den Diskussionen der antiislamischen Szene nur selten widersprochen wird,
so kann man annehmen, dass eine nicht unerhebliche
Zahl der Aktivisten diese Ziele teilt oder zumindest
nichts dagegen einzuwenden hat.

Alternative Islampolitik
Der AfD als der erfolgreichsten Partei der antiislamischen Szene kann man nicht pauschal unterstellen,

diese Hoffnungen auf eine Welt ohne Islam zu teilen oder Entsprechendes offiziell zu fordern. Unzweifelhaft steht aber fest, dass sich die AfD in einem politischen Milieu bewegt, in dem solche Standpunkte weit verbreitet sind und dass die Partei Verbindungen zu radikalen Aktivistinnen und Aktivisten unterhält. Das Bundesprogramm der Partei, das im April und Mai 2016 in Stuttgart beschlossen wurde, stellt sich in Bezug auf den Islam zwar weniger extrem dar, aber enthält dennoch weitreichende Forderungen, um die islamische Religionsausübung in Deutschland zu sanktionieren. So will die Partei Minarette sowie Muezzinrufe verbieten und spricht sich dagegen aus, »islamischen Organisationen den Status einer Körperschaft des öffentlichen Rechts zu verleihen«.

Moscheen sollen nicht mit Geldern aus dem Ausland errichtet oder betrieben werden dürfen. Die Lehrstühle für islamische Theologie an deutschen Universitäten sollen abgeschafft werden und Imame nur mit »staatlicher Zulassung« in Deutschland predigen dürfen. Außerdem will die AfD das Tragen des Kopftuchs im öffentlichen Dienst untersagen. An staatlichen Schulen, für die von CDU, CSU, SPD und FDP bereits in mehreren Bundesländern Kopftuchverbote für Lehrerinnen erlassen wurden, will die AfD das Verbot bundesweit und auch auf Schülerinnen ausweiten. »Vollverschleierungen« sollen in der Öffentlichkeit ebenfalls untersagt sein. Wenige Monate nach der AfD forderten Politiker von CDU und CSU ebenfalls ein »Burkaverbot«. Auch das Schächten, die rituelle Schlachtung von Tieren, will die AfD unter Strafe stellen, was neben der islamischen auch die jüdische Glaubenspraxis betreffen würde. Damit hat die

Partei Standpunkte in ihr Programm aufgenommen, die schon seit Jahren von antiislamischen Aktivisten vertreten werden.

Die antiislamischen Positionen der AfD kulminieren in folgenden Sätzen aus dem Parteiprogramm: »Der Islam gehört nicht zu Deutschland. In seiner Ausbreitung und in der Präsenz einer ständig wachsenden Zahl von Muslimen sieht die AfD eine große Gefahr für unseren Staat, unsere Gesellschaft und unsere Werteordnung.« Die AfD schließt den Islam also normativ aus der deutschen Gesellschaft aus. Mehr Muslime bedeuten in ihrer Darstellung wachsende Gefahren, was im Umkehrschluss bedeuten muss, dass die AfD ein Interesse daran hat, die Zahl der Muslime zu reduzieren.

Als der Programmentwurf bekannt wurde, hatte sich AfD-Vorstandsmitglied Alexander Gauland in der *Frankfurter Allgemeinen Sonntagszeitung* vom 17. April 2016 mit den Worten zitieren lassen: »Wir sind ein christlich-laizistisches Land, der Islam ist ein Fremdkörper.« Gauland bedient damit den unter Islamgegnern weitverbreiteten Wunsch nach einem islamfreien Deutschland, denn der Begriff Fremdkörper kommt aus der Medizin: Ärztinnen und Ärzte entfernen Fremdkörper wenn möglich, damit sie keine größeren Schäden im Organismus anrichten können.

Entsprechend hatte Gauland im Juli 2016, nach zwei islamistisch-kontextualisierten Attentaten in Würzburg und Ansbach, gefordert, das »Asylrecht für Muslime« auszusetzen. »Wir können es uns aus Sicherheitsgründen nicht mehr leisten, noch mehr Muslime unkontrolliert nach Deutschland einwandern zu lassen«, schrieb Gauland bei *Facebook*. Er stellt Muslime

damit unter Generalverdacht. Zugleich erkennt die
AfD in ihrem Bundesprogramm formal an, dass viele
Muslime »rechtstreu sowie integriert« in Deutschland
leben würden.

Gemäßigte Parteiprogramme
Schaut man in die Programme anderer antiislamischer
Parteien, fallen die Forderungen auch dort gemäßigter
aus als in vielen anonymen Äußerungen. So forderte
Pro NRW im Programm zur Landtagswahl 2010 ganz
ähnlich der AfD, islamische Religionsgemeinschaften
nicht als Körperschaften öffentlichen Rechts anzuerkennen, Einflussnahmen »ausländischer Religionsbehörden auf Moscheen, Religionsunterricht usw.
hierzulande« zu unterbinden sowie die »Bekämpfung
einer islamischen Paralleljustiz in den Parallelgesellschaften«. Außerdem spricht sich die Partei gegen die
»Beschneidung von Jungen und vor allem Mädchen«
aus.

Die männliche Beschneidung wird von vielen Islamgegnern abgelehnt – im Wissen, dass diese Forderung auch die jüdische Religionspraxis in Deutschland
betrifft. Der *AfD-Bezirksverband Niederbayern* hatte
versucht, die Forderung nach dem Beschneidungsverbot im Bundesprogramm der Partei zu verankern. Der
Parteitag in Stuttgart lehnte diesen Antrag jedoch ab.

Gemäßigter fielen lange Zeit die offiziellen Forderungen der *Republikaner* aus, da hier nicht auf den Gesamtislam, sondern den Islamismus abgezielt wurde.
Im »16-Punkte-Programm für die Neue Republik« aus
dem Jahr 2012 spricht sich die Partei u. a. für die »rigorose Ausweisung aller Haßprediger«, »Verbot und
Auflösung islamistischer Vereine und Einrichtungen«

sowie »harte Strafen für Teilnehmer an Terrorausbildungen« aus. Im Programm zur Bundestagswahl 2013 wird dann jedoch die islamische Religion als Ganzes ins Visier genommen: »Die Prinzipien des Islam sind denen der Menschenrechte und der Glaubensfreiheit zum großen Teil diametral entgegengesetzt und verstoßen deshalb gegen die Glaubensfreiheit Andersgläubiger.«

Die *Bürgerbewegung Pax Europa* veröffentlichte 2007 ihren »Wertheimer Appell«, in dem sie forderte, den EU-Beitritt der Türkei zu verhindern, Minarette zu verbieten und die Bevölkerung generell über Moscheebauten entscheiden zu lassen. Außerdem solle überprüft werden, ob Artikel 4 des Grundgesetzes, die Religionsfreiheit, auf die »Politreligion Islam« anwendbar sei. Die Antwort vieler Islamgegner auf diese Frage ist eindeutig: Die Religionsfreiheit soll für islamische Gemeinschaften nicht gelten, da sie dem Islam absprechen, eine Religion zu sein. Es handle sich vielmehr um eine gefährliche und mit dem Grundgesetz nicht zu vereinbarende Ideologie, die nicht mit anerkannten Religionen wie Judentum und Christentum gleichberechtigt werden dürfe. Eine junge Aktivistin, damals bei der *Freiheit*, heute bei der AfD, erklärte mir, dass der Islam in »unserer Gesellschaft« immer mehr überhandnehme, denn »wir weichen auch immer mehr davor zurück«. Ihr Ziel sei es deshalb – und damit sind auch die antiislamischen Parteiprogramme gut zusammengefasst – dem Islam seine Grenzen aufzuweisen, um klarzustellen, »dass dieses Land tatsächlich eine christlich-jüdische Wertekultur hat und dass der Islam dort erst mal nicht diesen Platz hat, den er jetzt gerne einnehmen möchte«.

»Befreiung« vom Islam

Die Freiheit vertrat in ihrem Programm die radikalsten Positionen aller antiislamischen Parteien, vor allem in ihrem »Grundsatzprogramm 2.0« aus dem Februar 2013. Dort forderte sie zunächst ein klares Bekenntnis zum Grundgesetz: »Von in Deutschland den Koran unterrichtenden Personen ist ein schriftliches, eidesstattliches Bekenntnis zu fordern, dass alle gültigen Rechtsnormen stets und generell über dem religiösen und islamischen Recht stehen und dass die Scharia hier keine Gültigkeit hat und jemals haben wird.« Außerdem wollte *Die Freiheit* eine generelle Entscheidungsgewalt der Bürgerinnen und Bürger bei Moscheebauprojekten, wie sie auch die AfD in mehreren Bundesländern anstrebt. Letztendlich forderte *Die Freiheit* das Verbot des Korans, wie er von der Partei verstanden wurde: »Religiöse Schriften, welche Unterdrückung und Tötung von Menschen verlangen, sind zu verbieten.«

Dass mit diesen Schriften in erster Linie der Koran gemeint war, wurde in der »Forderung zur Verzichts-Erklärung auf die verfassungsfeindlichen Bestandteile des Islams« deutlich, die Michael Stürzenberger im Mai 2013 auf der Homepage der *Freiheit* veröffentlichte. Die Partei hat diese Forderung laut ihrer eigenen Darstellung an islamische Organisationen in Deutschland verschickt. Darin hieß es ganz im Sinn der radikalen Koranauslegung der Islamgegner: »Um ein Zusammenleben unter einer freiheitlich demokratischen Grundordnung zu gewährleisten, kann der Koran als Grundlage zur Weltanschauung nicht akzeptiert werden, denn er ist seinem Inhalt nach eine Kriegserklärung an die nichtmuslimische Welt und eine kodifizierte Anleitung zum Töten von Nichtmuslimen.«

Im Folgenden listete die Partei 41 Verse aus dem Koran auf und gab an, gegen welche Paragrafen des Grundgesetzes, der Charta der Grundrechte der EU, der Europäischen Menschenrechtskonvention und der UN-Charta diese Verse verstoßen würden. Auf dieser Grundlage behauptete *Die Freiheit*, dass »jede Organisation, deren Ziel die Verbreitung des Islam ist«, eine »akute Gefahr für unsere Freiheit« darstellt. Die Partei forderte islamische Organisationen deshalb auf, »umgehend in schriftlicher Form auf die nachstehend aufgeführten Koranverse als Bestandteil der islamischen Glaubensgrundsätze dauerhaft zu verzichten. Bei einer Ablehnung dieser Forderungen ist davon auszugehen, dass aktiv verfassungsfeindliche Ziele verfolgt werden.«

Diese »Verfassungsfeindlichkeit« müsste ein Verbot entsprechender Organisationen nach sich ziehen. Da es theologisch praktisch ausgeschlossen ist, dass eine Religionsgemeinschaft – in diesem Fall islamische Organisationen – ihre heilige Schrift reformiert und Passagen des göttlichen Wortes streicht, würde die Umsetzung der Forderung der *Freiheit* letztendlich das Verbot aller islamischen Organisationen in Deutschland bedeuten.

»Abschwören oder Ausreisen«

So bringt es Michael Stürzenberger bereits anderthalb Jahre zuvor zum Ausdruck, als er im Oktober 2011 ein »Thesenpapier gegen die Islamisierung« auf PI veröffentlicht. Darin erhebt er ähnliche Forderungen wie die oben zitierten und benennt auch die daraus resultierenden Konsequenzen: »Wenn diese Forderungen nicht von den islamischen Verbänden verbindlich unterzeichnet werden, werden sie als verfassungsfeindlich erklärt und letztlich verboten, es erfolgt ein sofortiger Baustopp von Moscheen, die Schließung von Koranschulen und die Unterbindung von Gebetsversammlungen in vorhandenen Moscheen.« Daran anschließen soll nach dem Willen Stürzenbergers ein »Volksentscheid zum Verbot des Islams«, der seiner Einschätzung nach ein ebensolches Verbot zum Ergebnis haben würde.

Muslime müssten dann vor die Wahl gestellt werden, dem Islam »abzuschwören« oder Deutschland zu verlassen: »In nochmaligen Intensivkursen und Schulungen wird ihnen ein letztes Mal verdeutlicht, welche gefährlichen Botschaften sie immer noch befürworten. Wer selbst danach noch halsstarrig ein Moslem bleiben möchte, dürfte sich in seinem geistigen Zustand wohl nicht mehr allzusehr von den Inhaftierten in Guantanamo unterscheiden.« Wer Deutschland weder freiwillig verlässt noch abgeschoben werden kann, weil er oder sie die deutsche Staatsbürgerschaft besitzt, wird nach Stürzenbergers Willen »ein permanenter Überwachungsfall werden. Falls die Politik zu dem Zeitpunkt noch keine andere Gesetzeslage geschaffen hat.«

Stürzenbergers Forderungen laufen anscheinend auf ein Deutschland hinaus, in dem Muslime nicht mehr legal leben können. Dabei ist es wichtig, noch einmal festzustellen, dass Stürzenberger einer der zentralen Aktivisten der antiislamischen Bewegung ist, bei Gruppen wie PI und der *Bürgerbewegung Pax Europa* mitwirkt und außerdem bei den *Hooligans gegen*

Salafisten und vor allem *Pegida* mehrfach als Redner aufgetreten ist.

Stürzenbergers Forderungen wurden außerhalb der antiislamischen Szene scharf kritisiert und lösten auch innerhalb der Szene eine umfangreiche Diskussion aus. Das führte dazu, dass der Aktivist sich von seinen Aussagen distanzierte und die Forderungen aus den entsprechen Artikeln gelöscht wurden. Stürzenberger erklärte ebenfalls auf PI, er habe »die letzten Punkte in der Kausalkette meines Papiers unter dem Eindruck einer eskalierenden Situation formuliert. Dies ist aber aus heutiger Sicht schwer nachvollziehbar und nach heutigem Stand aus verfassungsrechtlicher Sicht auch problematisch.«

Trotz dieser Distanzierung finden Stürzenbergers ursprüngliche Forderungen in Teilen der Szene weiterhin Zustimmung. Das habe ich u. a. in einem Gespräch mit einer bayerischen Aktivistin festgestellt, die erklärte: »Das, was er [Stürzenberger] da gesagt hat, das ist eine griffige Formulierung, Abschwören oder Ausreisen. Das unterstütze ich voll und ganz.«

GEWALTSAME AUFKLÄRUNG?
– Die Wege der Islamgegner

Der Verkünder
Michael Stürzenberger hat sich an seinem Platz in der Münchner Innenstadt postiert, in der Rechten ein Mikrofon, in der Linken den Koran. Darin hat er sich einige Textstellen neongelb markiert. Doch Stürzenberger braucht nicht nachzulesen, er kann die für ihn relevanten Verse auswendig, wie in diversen Videos im Internet zu sehen ist: »Und tötet die Ungläubigen, wo ihr sie findet.«

Eine kleine Menschentraube hat sich um den Aktivisten versammelt. Einige nicken zustimmend, andere grinsen belustigt. Manche halten Schilder hoch, auf denen »München ist bunt« steht. Sie rufen Stürzenberger Sprechchöre entgegen. Im Hintergrund beobachten Polizisten das Geschehen. Die Banner der Partei *Die Freiheit* und die bayerische Landesfahne sind zu sehen. Auf einem weißen Sonnenschirm steht in roter Schrift »Keine Moschee am Stachus. Unterschrift hier«.

Szenen wie diese spielten sich in München mehrere Jahre lang regelmäßig ab. Es finden sich dutzende Videoaufnahmen davon im Internet. Stürzenberger will die Münchner über die Gefahren aufklären, die in seinen Augen von Koran und Islam ausgehen. So wollte er die Menschen überzeugen, sich an einem Bürgerbegehren zu beteiligen, durch das er und andere Aktivisten den Bau eines islamischen Zentrums in der bayerischen Landeshauptstadt verhindern wollen.

Stürzenbergers ärgster Widersacher in der Sache ist der Penzberger Imam Benjamin Idriz, der mehrfach in den Videos zu sehen ist, wie er mit dem Anti-Islam-Aktivisten diskutiert. Idriz möchte an einem möglichst zentralen Platz in München einen Baukomplex mit Moschee, Gemeinderäumen, Akademie und Museum errichten. Unterstützung findet der Imam bei den großen politischen Parteien und den christlichen Kirchen. Die Finanzierung des Islamzentrums konnte er bislang jedoch nicht sicherstellen.

Im Herbst 2011 hatte ein Bündnis aus der *Freiheit*, der *Bürgerbewegung Pax Europa* und der örtlichen PI-Gruppe mit den Anti-Moschee-Aktionen begonnen. Bei regelmäßigen Kundgebungen und Infoständen sammelten die Moscheegegner knapp drei Jahre lang Unterschriften, um einen Volksentscheid über das Bauprojekt herbeizuführen. Im September 2014 reichten sie laut eigenen Angaben 65.102 Unterschriften bei der Münchner Kreisverwaltung ein. Etwa 33.000 Unterschriften von wahlberechtigten Münchnerinnen und Münchnern waren notwendig, um einen Volksentscheid zu initiieren. Allerdings erklärte die Vollversammlung des Münchner Stadtrats den Antrag für ungültig, weil er rechtlich nicht zulässig sei und u. a. gegen die im Grundgesetz garantierte Religionsfreiheit verstoße. Lediglich ein NPD-naher Abgeordneter stimmte gegen diese Ablehnung. Stürzenberger und Co. klagten dagegen, wurden jedoch vom Verwaltungsgericht München abgewiesen.

Facettenreicher Aktionismus
In Erfurt treibt die AfD ebenfalls ein Bürgerbegehren gegen einen geplanten Moscheebau voran. Diese Aktionen sind typisch für das Vorgehen der engagierten Islamgegner. Sie beschränken sich nicht auf

Internet-Aktivismus und hoffen auf Erfolge an den Wahlurnen, sondern sie gehen mit ihren Anliegen auf die Straße. Um ihre Ziele zu erreichen, setzen sie auf die »Aufklärung der Bevölkerung« mit verschiedenen demokratischen Mitteln: Infostände wie die in München, Demonstrationen wie bei *Pegida*, Wahlkampagnen wie die der AfD. Dabei agieren die Gruppen zumeist nicht für sich allein, sondern schließen sich mit Gleichgesinnten zusammen.

Stürzenberger erklärte diesen Einsatz mir gegenüber als Gegengewicht zu den etablierten Medien und Parteien: »Solange in der Mainstream-Presse und von Politikern behauptet wird, ›Islam bedeutet Frieden‹ oder ›Der Islam hat nichts mit Gewalt zu tun‹, solange vermittelt wird, dass muslimische Terroristen ›den friedlichen Islam für ihre Zwecke missbrauchen‹ würden, solange zwischen ›Islam‹ und ›Islamismus‹ unterschieden wird, solange muss man mit den Fakten dagegenhalten. Information und Aufklärung über den Islam sind dringend notwendig.«

Johann Gärtner, Vorsitzender der *Republikaner*, sagte mir ebenfalls, wie wichtig für ihn das antiislamische Engagement sei: »Ich hoffe, dass ich noch 20 Jahre lebe, um mich auch weiter noch gegen eine Islamisierung zu wehren und zu versuchen, jungen Leuten klar zu machen, wie gefährlich der Islam für Demokratie und Freiheit ist.« Die Wirkung ihrer öffentlichen Aktionen schätzen viele Islamgegner positiv ein. Ein Aktivist aus Süddeutschland, der anonym bleiben möchte, berichtete mir von großem Zuspruch an Infoständen: »Es kommen sehr viele Menschen auf uns zu, die sagen, ja, ihr habt ja recht mit dem, was ihr sagt.« Michael Stürzenberger bewertete seine

Veranstaltungen ebenfalls positiv: »Informiert man die Menschen faktisch, öffnen sich bei den meisten die Augen.«

Die Dresdner *Pegida*-Demonstrationen und einige AfD-Kundgebungen werden zudem live im Netz übertragen. Auch bei den Störaktionen und Flashmobs der *Identitären Bewegung* gehört es zum Konzept, möglichst hochwertiges Videomaterial zu erstellen, um das Publikum bei *Youtube* und *Facebook* zu bedienen. So werden Online- und Offline-Aktivismus effektiv verknüpft.

Protestpraxis
Über Kundgebungen, Mahnwachen und Demonstrationen hinaus verfügen antiislamische Aktivisten über ein ausgeprägtes Sendungsbewusstsein. Durch Flugblätter, Aufkleber oder z. B. Bierdeckel versuchen sie, im öffentlichen Raum auf sich und ihre Anliegen aufmerksam zu machen. Darauf zu lesen ist beispielsweise die Negation des islamischen Glaubensbekenntnisses: »Allah ist nicht Gott und Mohammed nicht sein Prophet«, verbunden mit der Internetadresse *pi-news.net*.

Diesen Aufkleber kann man sich auf der Internetseite bestellen. Dort werden beispielsweise auch Druckvorlagen zum Download angeboten, die neben einer durchgestrichenen Zigarette, einer durchgestrichenen Alkoholflasche und einem angeleinten Hund mit Maulkorb auch eine durchgestrichene verschleierte Frau zeigen. Regelmäßig veröffentlichen Aktivisten Fotos, die belegen, wo im öffentlichen Raum sie solche Aufkleber platziert haben. Ich habe die antiislamischen Aufkleber in ruhigen Wohnvierteln genauso entdeckt wie in belebten Einkaufsstraßen und an einem Wanderweg im Wald.

Neben der »Aufklärung der Bevölkerung« und daraus resultierenden Wahlerfolgen setzen antiislamische Aktivisten auf direkte Demokratie, um ihre Ziele zu erreichen. Die AfD und die *Bürgerbewegung Pax Europa* fordern Volksentscheide bei Moscheebauprojekten. Auch *Pro NRW* setzt sich ein für »eine erhebliche Ausweitung unmittelbarer Bürgerbeteiligung durch Volksanträge, Volksbefragungen, Volksbegehren, Volksentscheide, Volksinitiativen und Volksreferenden«.

Zudem fordern Aktivisten, islamische Einrichtungen zu boykottieren. In den offiziellen Programmen der Parteien sind solche Forderungen nicht zu lesen, sondern sie werden vor allem anonym geäußert. Im Internet lassen sich dafür zahlreiche Beispiele finden. Für den PI-Kommentarbereich hat der Journalist Stefan Niggemeier eine Aussage dokumentiert, die stark an »Deutsche kauft nicht bei Juden« erinnert. Nutzer »AntiMusel« schreibt: »boykott musel- und ausländerfreundlicher unternehmen ist die pflicht jedes deutschen!« Eine Formulierung, die inhaltlich keinen Einzelfall darstellt. An anderer Stelle formuliert ein weiterer Nutzer: »Kauft nicht bei Türken und Arabern, kauft nicht bei Muslimen [...]. Gebt ihnen keine Arbeit und stellt sie nicht in Euren Betrieben/Unternehmen an.« Im Dokumentarfilm »Heimvorteil« sagt auch Willi Schwend, Gründer der *Bürgerbewegung Pax Europa*, dass er in seinem Unternehmen »im Augenblick keine Muslime einstellen« würde.

Besonders in Bezug auf Nahrungsmittel nimmt auch die PI-Redaktion Abstand von »islamischen« Etablissements. U. a. findet sich ein Boykottaufruf für einen Reifenhersteller, der »Mekkafood«-Werbung auf einen LKW gedruckt hatte. Die Website dokumentiert zudem diverse Geschäfte in Deutschland, die Halal-Produkte verkaufen. Der arabische Begriff »halal« bedeutet »erlaubt« und meint in Bezug auf Nahrungsmittel, dass diese dem islamischen Reinheitsgebot entsprechend produziert wurden. Die Sammlung entsprechender Geschäfte geht auf PI mit Forderungen einher, dort nicht einzukaufen.

Gewalt als Mittel?
Neben diesen friedlichen Protestformen finden sich im antiislamischen Diskurs auch Aussagen, die ein gewaltsames Vorgehen gegen die vermeintliche Islamisierung nahelegen bzw. einfordern. So veröffentlichte der Aktivist Michael Mannheimer im April 2011 einen Text mit dem Titel »Aufruf zum Widerstand gegen das politische Establishment gemäß Art.20 Abs.4 GG« auf verschiedenen Internetseiten. Drei Jahre später erneuerte und bekräftigte er seine darin formulierten Positionen.

Mannheimer erklärt, er sehe die Zeit gekommen, »die Inkraftsetzung und schonungslose Anwendung des Widerstandsrechts (und der Widerstandspflicht) aller Deutschen gemäß Artikel 20 Abs.4 des GG auszurufen!« Dieser Grundgesetzartikel besagt, dass alle Deutschen das Recht haben, gegen »jeden, der es unternimmt, diese [verfassungsmäßige] Ordnung zu beseitigen«, Widerstand zu leisten, »wenn andere Abhilfe nicht möglich ist.«

Mannheimer vertritt den Standpunkt, dass dieser Widerstand mit allen Mitteln erlaubt sei, »auch bewaffnet und unter Bedingungen eines Bürgerkriegs, wenn sonstige Maßnahmen nicht gefruchtet haben«. Er wendet sich mit Pathos an die Bevölkerung: »Bürger Deutschlands! Polizeien Deutschlands! Soldaten und Offiziere Deutschlands! Erhebt euch! Verteidigt eure, verteidigt unser aller Freiheit!« Die Feinde des Grundgesetzes würden aus »den Reihen aller politischen Parteien und den Redaktionen der meisten deutschen Medien« kommen sowie »aus den Reihen jener islamischen Einwanderer, die unser Land zu einem islamischen Land machen und hier die barbarisch-vorsteinzeitliche Scharia einführen wollen«. Gegen all jene sollen Bevölkerung, Polizei und Militär also vorgehen: »Organisiert Euch! Erhebt euch von euren Sofas! Geht auf die Straßen! Greift zu den Waffen, wenn es keine anderen Mittel gibt! Für uns, für unsere Kinder, für unsere Geschichte! Es lebe die Freiheit!«

Dieser Aufruf wurde im politischen und medialen Mainstream, so er denn beachtet wurde, erwartungsgemäß negativ aufgenommen. Er brachte Mannheimer einen gerichtlichen Strafbefehl wegen Volksverhetzung ein. In Teilen der islamfeindlichen Szene wurde der Aufruf hingegen als legitim aufgefasst. So schloss sich Michael Stürzenberger öffentlich Mannheimers Aufruf an. Bei *Pegida*-Veranstaltungen in mehreren Städten, darunter Berlin, Köln und Stuttgart, durfte Mannheimer als Redner auftreten.

Die Berufung auf Artikel 20 des Grundgesetzes zeigt, dass physische Gewalt ein Mittel ist, das antiislamische Aktivisten in Erwägung ziehen, um ihre Ziele zu erreichen. Tatjana Festerling forderte bei einer *Pegida*-Veranstaltung in München am 1. August 2016 »nicht nur legale Waffen für Deutsche, sondern auch ein Heer von Bürgerwehren«. Durch bewaffnete Bürgerinnen und Bürger sollten Terroranschläge verhindert werden, erklärte Festerling.

Durch die Aufrufe Mannheimers und Festerlings werden nicht alle Organisationen und Parteien der antiislamischen Szene repräsentiert, da diese entsprechende Forderungen offiziell zumeist nicht unterstützen und stets betonen, sich friedlicher und demokratischer Mittel bedienen zu wollen. Lediglich die *German Defence League* zieht in offiziellen Äußerungen physische Gewalt als Mittel in Betracht, allerdings nach Aussage ihres Mitbegründers Siegfried Schmitz ausschließlich zur Selbstverteidigung. Er erklärte auf PI: »Es muss [...] klar sein, dass wir niemand sind, der sich bei körperlichen Angriffen zurückzieht. Wenn wir angegriffen werden, dann werden wir uns auch verteidigen, deswegen bevorzugen wir natürlich Leute, die bei solchen Angriffen auch nicht weglaufen.«

Mordfantasien
In der Anonymität des Internets finden sich hingegen häufig Aussagen, die ein gewaltsames Vorgehen implizieren, fordern oder sogar herbeisehnen. Die eigene Gewalttätigkeit wird dabei als ein Akt der Selbstverteidigung präsentiert, wie es auch Mannheimers »Aufruf zum Widerstand« nahelegt. Grundlage hierfür ist die vermeintliche Bedrohung durch den Islam und dessen angebliches Streben nach der Weltherrschaft. In einem auf PI veröffentlichten Artikel erklärte eine Person mit dem Pseudonym »Iuvenal« im Januar 2015: »Deutschland befindet sich im Krieg. Die Besatzer sind nicht als Armee gekommen, sondern einzeln. Sie sind nicht mit Panzern gekommen, sondern mit Messern und illegalen Schusswaffen. Sie sind nicht auf Befehl eines feindlichen Staates gekommen, sondern auf Befehl einer feindlichen Religion. Aber sie sind hier. Sie planen

Attentate. Sie ermorden deutsche Jugendliche. Und sie haben die Regierung korrumpiert, die ihr Volk nicht schützt, sondern verrät, unterdrückt und entwürdigt.«

»Iuvenal« kommt zu dem Schluss, dass, da »die Besatzer und ihre Unterstützer« sich außerhalb jeden Rechts bewegen würden, gegen sie auch sämtliche Mittel ungeachtet deutscher oder internationaler Gesetze legitim sind: »Nach alledem bleibt festzuhalten, was zu tun ist: Alles. Ohne jede Einschränkung. Denn auch der Feind erlegt sich keine Beschränkungen auf. Er hat den totalen Krieg in unser Land getragen, und in einem totalen Krieg kann nur gewinnen, wer keine Samthandschuhe trägt.«

Später löschte die PI-Redaktion diesen und alle weiteren Artikel des Autors »Iuvenal«. Um es dennoch noch einmal festzuhalten: Dieser Aufruf, der Gewalttaten bis hin zu Morden geradezu einfordert, war monatelang auf PI zu lesen, dem Leitmedium der antiislamischen Szene. Vor dem Banner der Internetseite halten Lutz Bachmann und seine *Pegida*-Mitstreiter regelmäßig ihre Reden.

Islamgegner verwenden für ihre Aktivitäten auch den Begriff »Counter-Jihad«, der ein gewaltsames Vorgehen gegen muslimische Dschihadisten ausdrückt – bzw. gegen den Gesamtislam und dessen Anhänger. Besonders gewaltsam erscheint der Counter-Jihad in den Darstellungen der *English Defence League*, die auch auf deutschsprachigen Websites unter positiver Bezugnahme verwendet werden. So findet sich auf der *Facebook*-Präsenz der *German Defence League* eine Grafik, die einen Ritter in Rüstung und mit erhobenem Schwert zeigt, auf seiner Brust und seinem Schild leuchten rote Kreuze. Zu lesen ist »Infidel nation –

proud enemy of Islam«. Die »Nation der Ungläubigen« holt also als »stolzer Feind des Islams« zum Schlag aus.

Teilweise liest man im PI-Kommentarbereich zudem explizite Gewaltfantasien, bei denen häufig Mekka im Fokus steht. Nutzer »Migrantenstadl« schreibt: »Natürlich kann man Moslems integrieren – in den Hades! Atombomben auf Mekka, bitte genau zur Hadsch!« Möglichst viele Muslime töten, wenn sie auf der Hadsch sind, der Pilgerfahrt zu ihrem größten Heiligtum – solche Aufrufe zum Massenmord gibt es immer wieder.

»Rüstet auf!«
Teilweise lassen die Leserinnen und Leser in ihren Kommentaren auch eine persönliche Kampfbereitschaft erkennen, wie »elohi_23« auf PI: »Alles wird anders kommen, als viele Migranten aus moslemischen Ländern und deren deutsche Helfer sich wünschen. Am Ende werden die einzelnen Vertreter dieser Gruppen irgendwo in der Wüste Arabiens froh darüber sein, die Reconquista [Rückeroberung] überhaupt überlebt zu haben. In diesem Sinne: Rüstet auf!«

Mit einer solchen Zitat-Zusammenstellung, die noch um zahlreiche drastische Aussagen erweitert werden könnte, wären viele antiislamische Aktivisten nicht einverstanden, weil es sich dabei ihrer Ansicht nach um Ausnahmen handelt. Wie repräsentativ eine befürwortende Haltung zu physischer Gewalt und Massenmorden für die Szene ist, kann ich nicht abschließend beurteilen. Zumindest steht aber fest, dass es sich bei einem solchen Denken nicht um Einzelfälle handelt und dass die antiislamischen Websites einen Ort bieten, an dem sich Aktivisten gegenseitig anstacheln. Die Leipziger »Mitte-Studie« stellte 2016 fest, dass fast die Hälfte der von den Forschern befragten Anhänger von *Pegida* und AfD Gewalt als politischem Mittel unter bestimmten Voraussetzungen zustimmt. Das ist eine deutlich höhere Gewaltzustimmung als unter den Anhängern der etablierten politischen Parteien.

Immer wieder wird in den Diskussionen der antiislamischen Szene gefordert, sich mit Waffen auszustatten, um für Auseinandersetzungen gerüstet zu sein. Das geht mit einem deutlichen Anstieg des Verkaufs legaler Waffen in Deutschland einher, wie Pfefferspray, CS-Gas und Schreckschusspistolen. Auch die Anzahl scharfer Schusswaffen, die sich in Deutschland legal in Privatbesitz befinden, steigt kontinuierlich an. Ich kann allerdings nicht beurteilen, ob Anhänger der antiislamischen Szene überproportional oft Waffen besitzen. Ihre Diskussionen legen diese Annahme jedoch nahe.

Die AfD-Bundessprecherin Frauke Petry hatte sich im August 2016 in einem Interview mit der *Funke Mediengruppe* dafür ausgesprochen, das Waffenrecht in Deutschland nicht zu verschärfen. So fordert es auch das Grundsatzprogramm der Partei. »Jeder Gesetzestreue sollte in der Lage sein, sich selbst, seine Familie und seine Freunde zu schützen«, sagte Petry.

Zugleich werden jedoch Gewaltakte wie der von Anders Behring Breivik von der überwiegenden Mehrheit der antiislamischen Aktivisten offenbar abgelehnt. Ihr primäres Ziel scheint zunächst zu sein, das Gewaltmonopol des Staates zu nutzen, um den Islam durch demokratisch-legitimierte Prozesse aus Deutschland zurückzudrängen.

Reale Gewalt
Auch in Deutschland gibt es immer wieder Gewalttaten mit einem klaren islamfeindlichen bzw. antimuslimischen Bezug. Der bislang schrecklichste Fall war wohl die bereits geschilderte Ermordung von Marwa el-Sherbini im Jahr 2009 in einem Gerichtssaal in Dresden. Auf PI kommentierte ein Leser: »Mir tut es überhaupt nicht leid um diese verschleierte Kopftuchschlampe. Und noch dazu ein Moslem im Bauch weniger!«

Auch auf Moscheen werden immer wieder Anschläge und Angriffe verübt: 416 Taten hat das Bundesinnenministerium von Anfang 2001 bis März 2016 registriert. Tatsächlich dürften es deutlich mehr sein, weil nicht systematisch gezählt wurde und nicht alles zur Anzeige kommt. Den Aktivisten der islamfeindlichen Szene kann man diese Taten nicht direkt anlasten, dennoch tragen sie zweifelsohne zu einer ablehnenden und teils hasserfüllten Stimmung gegenüber Islam und Muslimen bei.

Aus der Vorurteilsforschung ist bekannt, dass Gewalt gegen Minderheiten stets verbale Abwertungen und Ausgrenzungen vorausgehen. Wolfgang Benz, ehemaliger Leiter des *Zentrums für Antisemitismusforschung* in Berlin, sieht deshalb Gemeinsamkeiten zwischen dem historischen Antisemitismus und der zeitgenössischen Islamfeindlichkeit: »Die Wut der Muslimfeinde gleicht dem alten Zorn der Antisemiten gegen die Juden«, schreibt Benz in seinem Buch »Antisemitismus und ›Islamkritik‹« (2011). Die Folgen seien in gleicher Weise erheblich, »denn jede Verabredung einer Mehrheit gegen das eine oder andere Kollektiv einer Minderheit, das als solches ausgegrenzt wird, ist gefährlich, wie nicht nur das Paradigma der Judenfeindschaft durch seine Steigerung zum Völkermord lehrt.«

Islam- und muslimfeindliche Gewalttaten müssen daher als Warnung dafür angesehen werden, welche mörderischen Folgen das Islambild haben kann, das aus Reihen der AfD, von *Pegida*-Aktivisten und vielen weiteren Islamgegnern verbreitet wird. Wer täglich aufs Neue behauptet, »wir« befänden uns im Krieg mit »dem Islam«, trägt aktiv zu einem Weltbild bei, das Gewalt gegen Muslime als legitime Selbstverteidigung erscheinen lässt.

So verwundert es leider nicht, dass nach Sprengstoffanschlägen auf eine Moschee und ein Kongresszentrum in Dresden ein 30 Jahre alter Mann als Tatverdächtiger festgenommen wurde, der anderthalb Jahre zuvor als Redner bei *Pegida* aufgetreten war. Die Anschläge, bei denen niemand verletzt wurde, soll er am 26. September 2016 verübt haben, am 9. Dezember kam er in Haft. Lutz Bachmann distanzierte sich im Namen von *Pegida* von dem 30-Jährigen. Die *Pegida*-Rede des mutmaßlichen späteren Attentäters hatte Bachmann hingegen noch als »starke Worte« gelobt. Darin hatte der 30-Jährige ein gewaltsames Vorgehen bereits angedeutet und in Richtung Angela Merkel gedroht: »Wenn Sie wollen, dass es in Deutschland und in Europa zum Bürgerkrieg kommt, dann machen Sie nur so weiter. Aber dann gnade Ihnen Gott. Denn von uns werden Sie keine Gnade erhalten.«

DIE »WAHNSINNSREPUBLIK«
– Lügen, Presse und Islamgegner

Die Islamisierenden
»Am Anfang gab ich den moslems die Schuld an der ›islamisierung‹, ist ja auch irgendwie logisch. Je mehr man sich jedoch mit der Materie beschäftigt, desto mehr gelangt man zu dem Schluss, dass die islamisierung gar nicht von den moslems durchgeführt wird, sondern von den Autochthonen. Kein moslem hat Europa so schnell und nachhaltig islamisiert wie: Böhmer, Merkel, Schäuble, Wulff, Laschet und all die anderen kleinen Ar***kriecher in den Zeitungsredaktionen, bei der Polizei, in den Amtsstuben und vor Gericht. Durch ihre Urteile, durch ihre Propaganda, durch ihr Verheimlichen, durch ihr Nicht-Eingreifen, durch verabschiedete Gesetze.«

In den Augen der Islamgegner haben »die moslems« – die konsequente Kleinschreibung in dem Zitat ist wohl geringschätzend gemeint – bei ihren vermeintlichen Islamisierungsplänen diverse Helfer, wie es in diesem Kommentar von »killerbee« auf PI exemplarisch zum Ausdruck kommt: deutsche und europäische Politiker der etablierten Parteien, etablierte Medien, Richterinnen, Staatsanwälte, Verfassungsschutzbehörden, die beiden großen christlichen Kirchen, Wissenschaftlerinnen und viele andere sogenannte »Gutmenschen«. Johann Gärtner von den *Republikanern* wirkte deshalb im Gespräch mit mir frustriert: »Wir sind in einer Wahnsinnsrepublik. Wenn ich heute in München einen Infostand mache, und ich werde dann von drei- bis vierhundert militanten Moslems umlagert und dieser Staat schweigt dazu – und Bürgermeister und Politiker sehen den Islam als Bereicherung – dann gehören doch alle, die das zulassen, irgendwann ins Irrenhaus.«

Gärtner hat die Hoffnung in viele seiner Landsleute offenbar bereits aufgegeben, wenn er mir sagt, dass die Deutschen »nicht fähig sind zu lernen« und »niemals im direkten Sinn Demokraten sein werden«. Sie würden »nicht für ihre demokratischen Rechte kämpfen«, sondern für immer »verblödet« bleiben und sich »weiter von den Medien und Politikern verdummen lassen«. Die meisten Deutschen würden sich nur für sich selbst interessieren und sagen: »Was später kommt, ist uns doch scheißegal. Wenn wir nicht mehr da sind, sollen die Moslems doch das Land nehmen.« Deshalb hätten es »diese Deutschen« in den Augen Gärtners »auch nicht besser verdient«.

Andere Aktivisten blicken deutlich zuversichtlicher auf die deutsche Gesellschaft, weil sie zahlreiche positive Rückmeldungen auf ihr antiislamisches Engagement erhalten würden. So schrieb mir Eckhardt Kiwitt, ein Islamkritiker aus München: »Menschen in meinem Umfeld, also Nachbarn und Arbeitskollegen, aber auch Verwandte und sonstige Bekannte, reagieren auf meine Islam-Kritik neutral bis sehr positiv, weil sie die Dinge von sich aus meist genauso sehen wie ich.« Achim C. glaubt sogar, viele Journalisten und Wissenschaftler überzeugt zu haben. Sie würden ihm hinter vorgehaltener Hand sagen, »dass die Position der Islamkritik im Großen und Ganzen vollkommen richtig ist«.

Allerdings gehen Islamgegner davon aus, dass man sozial, beruflich und privat große Probleme bekommt, wenn man diese Positionen öffentlich äußert. Johann Gärtner wähnt sich deshalb nicht mehr in einem demokratischen Staat: »Eine meiner Mitarbeiterinnen kommt aus Sachsen, die sagt inzwischen, was ist eigentlich anders als bei uns früher in der DDR? Und dann sag mir einer, wir leben in einem freien Land. Es darf gelacht werden.«

Die »Lügenpresse«
Besonders der Umgang der etablierten Medien mit der antiislamischen Szene und ihren Anliegen wird von Islamgegnern wie Gärtner kritisiert. Über ihn seien »18 Fernsehsendungen gedreht worden, aber nur eine ist gesendet worden«. Die Berichte hätten den Redaktionen nicht in das Bild gepasst, das sie erzeugen wollten, ist Gärtner, der nach eigenen Angaben als selbstständiger Kaufmann und Unternehmensberater arbeitet, überzeugt: »Man sucht einen Irren, der in die braune Schablone passt, aber nicht jemanden mit meiner demokratischen Einstellung. Es gab kaum eine Woche, wo nicht irgend so ein gekaufter Idiot oder Presseschmierfink – darunter selbst Fachjournalisten – sich rausgenommen hat, mich mit einem braunen Kübel zu überschütten.«

Neben solchen persönlichen Erfahrungen äußern Aktivistinnen und Aktivisten generelle Kritik an den etablierten Medien in Deutschland. Ein Islamgegner sagte mir, »dass die veröffentlichte Meinung in Deutschland nicht mehr die öffentliche Meinung repräsentiert«. Außerdem wirft die Szene den Medien vor, die vermeintliche Islamisierung des Landes zu verharmlosen und zu vertuschen. Dazu heißt es in den PI-»Leitlinien«: »Etliche Medien bemühen sich, uns selbst kapitale Verbrechen als Kulturgut zu verkaufen und fließen auch bei schweren Gewalttaten vor Verständnis und Rücksichtnahme über.« Michael Stürzenberger bezeichnete PI mir gegenüber deshalb als »wichtiges Korrektiv«. Auf der Website schreibt er: »Wer hier regelmäßig mitliest, weiß Bescheid und gehört zur Informations-Elite. Aber draußen im realen Leben sieht es oft zappenduster aus. Das Wissens-Defizit ist aufgrund der medialen und politischen Selbstzensur immens.«

Die Islamgegner verstehen sich als Gegenöffentlichkeit, die gegen die vermeintlich von oben verordnete Einheitsmeinung ankämpft. Das brachte PI-Gründer Stefan Herre bereits zu Beginn seiner Aktivitäten zum Ausdruck. In einem Interview mit der rechtskonservativen Wochenzeitung *Junge Freiheit* aus dem Jahr 2007 erklärte er: »Vor allem ältere Menschen, die keinen Bezug zum Internet haben, müssen sich diesbezüglich auf die einseitige Berichterstattung der Mainstream-Medien verlassen. Meine Eltern sind das beste Beispiel dafür: sie sind politisch sehr interessiert, aber ihre einzige Informationsquelle besteht aus Kölner Stadt-Anzeiger, Tagesschau und WDR 5-Hörfunk. Logisch, dass sie dann ganz verdutzt schauen, wenn ich ihnen erzähle, was wirklich in der Welt vor sich geht.«

Bis heute wiederholen Herre und Co. solche und ähnliche Aussagen. Sie wissen demnach, was entgegen der angeblichen Verschleierungsversuche durch »die Mainstream-Medien« tatsächlich auf der Welt passiert. Als seinen Leitspruch gab Herre in dem Interview entsprechend an: »Was auch immer die Mainstream-Medien schreiben, nimm einfach das Gegenteil an, dann bist du richtig informiert!«

Die Quellenlage

Es drängt sich die Frage auf, woher die Aktivisten ihre von den etablierten Medien angeblich verheimlichten Informationen beziehen. Auch darüber gab Herre bereits im Dezember 2007 in einem Gespräch mit *Deutschlandradio Kultur* Auskunft: »Wir recherchieren natürlich selbst. Wir schauen früh morgens ins Internet, auf die bekannten Seiten Spiegel-online, Welt-online und so weiter und so fort.« Tatsächlich wird im Großteil der PI-Artikel auch heute noch auf etablierte Medien als Quellen verwiesen. Einerseits behaupten die Aktivisten also, über Dinge zu berichten, die in »den Mainstream-Medien« verschwiegen würden, andererseits beziehen sie sich überwiegend auf eben diese Medien, wie Herre in der eben zitierten Aussage selbst eingesteht.

Islamgegner verweisen auch immer wieder auf Artikel aus etablierten Medien, die sich kritisch mit dem Islam auseinandersetzen. Sie sprechen dann von »absoluten Ausnahmen« im deutschen Medienkanon, zumal sie behaupten, dass die deutschen Medien islamophil seien und grundsätzlich versuchen würden, Islam und Muslime in ein gutes Licht zu rücken. Dass das nicht zutreffend ist und der Islam in deutschen Medien viel mit negativen Themen verknüpft wird, habe ich bereits erklärt. Diese Berichterstattung führt jedoch nicht dazu, dass Islamgegner ihr Medienbild überdenken, sondern sie halten weiterhin an ihrer Selbstinszenierung als »Korrektiv« fest.

Teilweise behaupten sie auch, Medienschaffende und Politiker würden gezielt andere Themen in den öffentlichen Fokus rücken. Bekanntestes Beispiel dafür ist die sogenannte »Klimalüge«: Der Klimawandel sei von gesellschaftlichen Eliten erfunden worden, um von der vermeintlichen Islamisierung Europas abzulenken. Diese Verschwörungstheorie hat es in leicht abgewandelter Form sogar ins Bundesprogramm der AfD geschafft. Dort heißt es, dass die Erde sich derzeit in einer »Warmzeit« befinde und der Klimawandel wissenschaftlich nicht bewiesen sei. Stattdessen verberge sich dahinter eine politische Agenda: »Unter dem Schlagwort ›Klimaneutrales Deutschland 2050‹ durch ›Dekarbonisierung‹ missbraucht die deutsche Regierung die steigende CO_2-Konzentration zur ›Großen Transformation‹ der Gesellschaft, mit der Folge, dass die persönliche und wirtschaftliche Freiheit massiv eingeschränkt wird.«

Gegenseitigkeiten
Nicht nur Islamgegner schauen abschätzig auf etablierte Medien, sondern auch umgekehrt lassen sich kaum Sympathien feststellen – obwohl teils ähnliche Islambilder vermittelt werden. Mit dem Entstehen der antiislamischen Szene Mitte der 2000er-Jahre beginnen Presse und Rundfunk, über die Szene zu berichten. Nach den Breivik-Anschlägen im Sommer 2011 erfährt sie kurzzeitig sehr große mediale Aufmerksamkeit. So bezeichnete die *Frankfurter Rundschau* Aktivisten als »Volksverhetzer« und überschrieb einen Bericht über PI mit »Vulgär, enthemmt, rassistisch«. Die *taz* betitelte einen Artikel über die Szene mit »Was die denken, die nicht denken« und spricht an anderer Stelle von »Hetzern«, ebenso die *Süddeutsche Zeitung*, die sich immer wieder ausführlich der Szene »am rechten Rand« widmet. *Der Tagesspiegel* nannte die Szene »irrational«, »extrem« und »ultrakonservativ«. *Der*

Stern bezeichnete einige prominente antiislamische Aktivisten als »Feinde der offenen Gesellschaft«, *Der Spiegel* warf ihnen »Demagogie im Netz« vor. In einer Betrachtung verschiedener antiislamischer Aktivisten und ihrer Argumentation kam ein *Zeit*-Autor zu dem Schluss: »Das ist nicht Aufklärung, das ist ihr Ende.« Die *Frankfurter Allgemeine Zeitung* überschrieb einen Artikel über die Szene bereits 2007 mit »Freier Hass für freie Bürger«.

Die Berichte etablierter Medien über die antiislamische Szene sind größtenteils nicht falsch, blenden Komplexität und Heterogenität der Szene jedoch weitgehend aus. Mina Ahadi, die Gründerin des *Zentralrats der Ex-Muslime* mit iranischem und kommunistischem Hintergrund, beklagte deshalb mir gegenüber, dass sich viele Menschen in Deutschland nicht trauen würden, sich islamkritisch zu äußern. Sie hätten »Angst, in eine rechte Ecke geschoben zu werden«. Es herrsche großer gesellschaftlicher Druck: »Man muss sich immer wieder rechtfertigen, dass man nicht aus dieser Richtung kommt und nichts gegen Ausländer hat.«

Deutlich radikaler klingt es bei Michael Stürzenberger. »Wehe diesem Vertreter der Lügenpresse, der es noch wagt, uns als Ausländerfeind, Rassist oder als Nazi zu bezeichnen«, sagte Stürzenberger am 15. Juni 2015 bei *Pegida* in Dresden: »Dieser Lügenpresse gehört das Maul gestopft, Entschuldigung.«

FUNDAMENTALOPPOSITION
– Gegen »Altparteien« und »Scharia-Justiz«

Claudia Fatima Roth

In der *Dar-Assalam-Moschee* in Berlin-Neukölln wendet sich die Grünenpolitikerin Claudia Roth eindringlich an ihr Publikum: »Als Fatima bitte ich Sie um Ihre Unterstützung.« Fatima, so hieß die jüngste Tochter des islamischen Propheten Muhammad. Doch die Vizepräsidentin des Deutschen Bundestages ist nicht etwa zum Islam konvertiert, sondern Claudia Roth deutet die Anfeindungen um, die ihr aus der antiislamischen Szene entgegenschlagen. Dort wird sie seit Jahren nur noch als »Claudia Fatima Roth« bezeichnet, weil sie die vermeintliche Islamisierung Deutschlands vorantreiben würde.

Das werfen Islamgegnerinnen und -gegner allen etablierten politischen Parteien und ihren Funktionären vor. Sie seien von den arabischen Staaten bestochen worden oder heimlich zum Islam konvertiert, lauten die Vorwürfe der Aktivisten gegenüber deutschen Politikerinnen und Politikern. Der ehemalige Münchner PI-Aktivist Eckhardt Kiwitt unterstellte der deutschen Politik im Gespräch mit mir eine große Unkenntnis beim Thema Islam: »Leider ist der Kenntnisstand der meisten Politiker, was den Islam betrifft, mit ›mangelhaft‹ noch zu gut beurteilt; die meisten sind schlicht in dieser Sache blauäugig, völlig unwissend und lassen sich einlullen, so zumindest mein Eindruck.«

Als am 3. Oktober 2016 in Dresden der Tag der Deutschen Einheit gefeiert wird, trifft der Hass die drei höchsten Vertreter des deutschen Staates unmittelbar.

Bundespräsident Joachim Gauck, Bundestagspräsident Norbert Lammert und Bundeskanzlerin Angela Merkel werden von *Pegida*-Anhängern um Lutz Bachmann lautstark als »Volksverräter« beschimpft.

Eine zentrale Rolle in der Wahrnehmung deutscher Politiker, aber auch anderer Personen von gesellschaftlichem Einfluss, spielt der arabische Begriff »Dhimmi«. So wurden im frühen expandierenden Islam schutzbefohlene nicht-muslimische Gruppen bezeichnet, zumeist jüdische und christliche, die nicht die gleichen Rechte wie die muslimische Bevölkerung besaßen und im Gegenzug für ihre Bekenntnisfreiheit Tribute entrichten mussten. Wenn in der Szene von »Dhimmisierung« die Rede ist, meinen die Aktivisten damit die Unterwerfung unter den Islam. Nur sei diese Unterwerfung keineswegs erzwungen, sondern werde von der deutschen und europäischen Politik aktiv angestrebt. Auch jede Art von Dialog – von den Aktivisten zumeist als »Dialüg« diffamiert – zwischen Nicht-Muslimen und Muslimen wird hierunter eingeordnet und somit als Akt der Unterwerfung verstanden. So wurde die *Deutsche Islam Konferenz* in der Szene als »Kapitulationsverhandlung« bezeichnet.

Islamparteien?

Tatsächlich positionieren sich die etablierten deutschen Parteien keineswegs so eindeutig positiv zu Islam und Muslimen. Das gilt vor allem für CDU und CSU. Der österreichische Politikwissenschaftler Farid Hafez analysierte die Bundestagsdebatten von Oktober 2009 bis Juni 2011 und stellte dabei fest, dass bei der Union viele »islamophobe Positionen« zu finden sind. Die FDP habe den Islam selbst zwar kaum thematisiert, sich in den entsprechenden Debatten aber durch Beifall und Abstimmungsverhalten meist auf die Seite ihres Koalitionspartners CDU/CSU geschlagen. Entsprechende Ansichten werden von Vertretern der Union auch heute noch geäußert.

Zu einem ähnlichen Ergebnis für die Schwesterparteien kommt der Islamwissenschaftler Mohammed Shakush. Häufig komme in der Politik der Union eine bewusste Ungleichbehandlung islamischer Glaubensgemeinschaften im Vergleich zu jüdischen und christlichen zum Ausdruck. Das lasse sich u. a. beim sogenannten Gesinnungstest für muslimische Menschen in Baden-Württemberg und beim Thema Moscheebau erkennen. Insgesamt sei die Positionierung von CDU und CSU zum Islam allerdings ambivalent. Es ließen sich »eine Reihe islamfeindlicher Haltungen finden, aber auch zahlreiche unterstützende Momente«. Hier nennt Shakush ebenfalls Moscheebauprojekte und die Einrichtung von Lehrstühlen für islamische Theologie, die von der Union unterstützt worden waren, sowie die *Deutsche Islam Konferenz*, die maßgeblich von der Union ins Leben gerufen worden war.

Deutlich wird diese Ambivalenz auch an der inzwischen berühmten Aussage des damaligen Bundespräsidenten Christian Wulff (CDU) aus dem Oktober 2010, als er erklärte: »Der Islam gehört inzwischen auch zu Deutschland.« Mehrere Unionspolitiker schlossen sich dieser Aussage an, darunter Angela Merkel und Wolfgang Schäuble, der Ähnliches bereits vier Jahre vor Wulff als Bundesinnenmister gesagt hatte. Hans-Peter Friedrich (CSU) hingegen widersprach bereits kurz nach seinem Amtsantritt als Bundesinnenminister im März 2011: Es lasse sich historisch nicht belegen, dass der Islam zu Deutschland gehöre. Auch in dieser Linie positionieren sich seitdem Unionspolitiker wie Wolfgang Bosbach und Volker Kauder.

Zugleich war es die CDU, die erstmals eine bekennende Muslimin in ein Ministeramt in Deutschland berufen hat: Aygül Özkan wurde im April 2010 unter Ministerpräsident Christian Wulff Sozialministerin in Niedersachsen. Desweiteren finden sich nicht nur in der Union, sondern auch in anderen Parteien Vorbehalte gegenüber Muslimen und Islam. So haben SPD und FDP in einigen Bundesländern ebenfalls für das Kopftuchverbot an Schulen gestimmt. Allerdings äußern sich SPD, Grüne und Linke in erster Linie nicht antiislamisch, sondern setzen sich gegen Islamfeindlichkeit und für Integration und Gleichberechtigung von Muslimen ein.

Recht und Scharia

Den Justizbehörden werfen Islamgegner ebenfalls vor, die Islamisierung des Landes systematisch voranzutreiben. Vor Gericht gebe es einen »Migrantenbonus«, sodass vermeintliche »Migranten« weniger hart als gebürtige Deutsche oder gar nicht verurteilt würden. In der Szene kursieren deshalb Aufrufe, nicht mit Polizei und Justiz zusammenzuarbeiten, weil die Behörden auf der Seite der »Feinde« stehen würden. Zugleich werfen Aktivisten der deutschen Justiz vor, »die Scharia« bzw. Elemente von ihr in die deutsche Rechtsprechung zu integrieren. Einige Islamgegner sehen sich selbst – bzw. die Szene im Ganzen – als Opfer des Justizsystems, da gegen ihre Tätigkeiten ungerechtfertigte Gerichtsprozesse angestrengt würden.

Michael Mannheimer musste sich u. a. für seinen »Aufruf zum allgemeinen Widerstand gemäß Art. 20

Abs. 4 GG« wegen Volksverhetzung vor Gericht verantworten, da er laut dem Amtsgericht Heilbronn zum Hass gegen Muslime aufgestachelt, zu Gewalt- oder Willkürmaßnahmen gegen sie aufgefordert, ihre Menschenwürde angegriffen, sie böswillig verächtlich gemacht und verleumdet habe. Mannheimer ist außerdem wegen Beleidigung eines Rottenburger Stadtrats der Partei *Die Linke* und wegen eines Verstoßes gegen das Urheberrechtsgesetz vom Amtsgericht Heilbronn verurteilt worden, was das Landgericht Heilbronn später bestätigte. Mannheimer hatte dem Linken-Politiker vorgeworfen, die Islamisierung Deutschlands zu befürworten und voranzutreiben. Dementsprechend wurde das Urteil in der antiislamischen Szene als Angriff auf die Meinungsfreiheit und als Beitrag zur Islamisierung aufgefasst.

Michael Stürzenberger ist ebenfalls mehrfach für antiislamische Aktionen verurteilt worden. So hatte er eine Collage veröffentlicht, die einen Zusammenhang zwischen der SPD-Politikerin Andrea Nahles, der palästinensischen Organisation *Fatah* und dem Nationalsozialismus herstellt. Weil Stürzenberger dabei auch ein Hakenkreuz abbildete, verurteilte ihn das Amtsgericht München wegen der »Verwendung von Kennzeichen verfassungsfeindlicher Organisationen« zu einer Geldstrafe.

In Österreich ist Stürzenberger ebenfalls juristisch belangt worden. Im März 2015 hatte er bei einer *Pegida*-Veranstaltung in Graz laut der örtlichen Polizei als Redner behauptet: »Jeder Moslem ist ein potenzieller Terrorist.« Vom Landesstrafgericht Graz wurde der Münchner Islamgegner deshalb wegen »Verhetzung und Herabwürdigung religiöser Lehren«

zu einer viermonatigen Bewährungsstrafe und einer Geldstrafe verurteilt.

Im Auge des Verfassungsschutzes
Auch mehrere Verfassungsschutzbehörden beobachten antiislamische Gruppierungen und Aktivisten. Im Fokus steht Michael Stürzenberger als Kopf der Münchner Szene mit den örtlichen Ablegern von *Pegida*, PI, der *Freiheit* und der *Bürgerbewegung Pax Europa*. Die drei letztgenannten Gruppen werden seit 2013 in den Berichten des bayerischen Verfassungsschutzes behandelt und haben dafür eine eigene Kategorie bekommen: die »Verfassungsschutzrelevante Islamfeindlichkeit«, laut der Behörde eine »Extremismusform außerhalb des Rechtsextremismus«.

Der bayerische Verfassungsschutz wirft den Gruppen vor, Muslimen die im Grundgesetz garantierte Religionsfreiheit nicht zuzugestehen. Zudem würden sie den Islam pauschal mit »Islamismus und islamistischem Terrorismus« gleichsetzen und die Religion als faschistische Ideologie darstellen, von der eine erhebliche Gefahr für die Gesellschaft ausginge. Als extremistisch stufte der Verfassungsschutz die Aktivisten zudem ein, weil sie seiner Auffassung nach mehrere Grundrechte für Muslime außer Kraft setzen wollen. Außerdem wirft die Behörde den Islamgegnern vor, »pauschale Ängste vor Muslimen als nicht integrierbare ›Ideologieanhänger‹ zu schüren und alle muslimischen Menschen allein aufgrund ihrer Religionszugehörigkeit als Feinde des Rechtsstaates zu verunglimpfen«.

Die drei Gruppen klagten gegen die Beobachtung durch den Verfassungsschutz vor dem Verwaltungsgericht München und bekamen im Oktober 2014 teilweise Recht. Das Gericht stellte fest, dass alle drei Organisationen zwar durch die Behörden beobachtet werden dürfen, einige Formulierungen im bayerischen Verfassungsschutzbericht 2013 jedoch gestrichen werden müssen. Diese würden den Eindruck erwecken, es sei erwiesen, dass die Organisationen verfassungsfeindlich seien, was jedoch nicht der Fall sei. In die bayerischen Verfassungsschutzberichte für die Jahre 2014 und 2015 wurden die *Bürgerbewegung, Die Freiheit* und PI dennoch erneut aufgenommen. Michael Stürzenberger, so hieß es für 2014, ziele darauf ab, »Muslime auszugrenzen und verächtlich zu machen«.

Neben Bayern werden Islamgegner auch in Niedersachsen sowie vom *Bundesamt für Verfassungsschutz* beobachtet. Der sächsische Verfassungsschutz hingegen erklärte im Frühjahr 2016, dass er *Pegida* nicht beobachte, weil spätestens seit dem Spätsommer 2015 »alle rechtsextremistischen Einflussnahmeversuche auf GIDA-Bewegungen als gescheitert betrachtet werden« müssten.

Die *Identitäre Bewegung* hingegen wird in mehreren Bundesländern und seit 2016 auch vom *Bundesamt für Verfassungsschutz* beobachtet. Der Niedersächsische Verfassungsschutz bewertet sie als »eine aktivistische Gemeinschaft im europäischen Rechtsextremismus«.

In der antiislamischen Szene stoßen die Beobachtungen ihrer Gruppen durch Verfassungsschutzbehörden erwartungsgemäß auf Ablehnung und Kritik. *Die Freiheit* sah darin den »ersten Schritt zum Verbot der Islamkritik«, womit der Weg für die Islamisierung Deutschlands weiter geebnet werden solle.

Forschung und Gesinnung
Was für Politik, Medien und Justiz gilt, zeigt sich auch bei der Beurteilung der Wissenschaft durch die antiislamische Szene. Immer wieder wird Wissenschaftlerinnen und Wissenschaftlern vorgeworfen, die vom Islam vermeintlich ausgehenden Gefahren zu vernachlässigen und die Islamisierung voranzutreiben. Besonders kritisch sind Aktivisten gegenüber Personen, die sich mit Islamkritik und Islamfeindlichkeit befassen. Michael Stürzenberger warf dem Sozialwissenschaftler und Rechtsextremismusforscher Alexander Häusler auf der Internetseite PI vor, »Islamkritiker als gefährliche Rechtsradikale zu diffamieren«: »Häusler ist ein offensichtlich schwer linksverdrehter Agitator und es ist höchste Zeit, diese unsachlichen und hetzerischen Verleumdungskampagnen gegen Islamkritiker nicht mehr unwidersprochen durchgehen zu lassen.«

Auch die Sprachwissenschaftlerin Sabine Schiffer wird auf PI kritisiert und verbal angegriffen. Die Redaktion veröffentlicht unter ihren Artikeln regelmäßig E-Mail-Adressen von unliebsamen Personen und fordert ihre Leser direkt oder indirekt dazu auf, mit den Personen »Kontakt« aufzunehmen. So erhielt Schiffer als Reaktion auf den PI-Artikel »Dr. Sabine Schiffer hetzt gegen Deutschland« laut eigener Darstellung zahlreiche beleidigende Nachrichten, teilweise namentlich unterschrieben, teilweise mit expliziten Drohungen. Viele weitere Kritikerinnen und Kritiker der antiislamischen Szene berichten ebenfalls, dass sie bedroht und beleidigt werden.

Der Islamwissenschaft steht die Szene ebenfalls weitgehend ablehnend gegenüber, weil sie diese zumeist als islamophil einstuft. Michael Mannheimer machte im März 2011 mit einer mir vorliegenden E-Mail auf sich aufmerksam, die er an zahlreiche deutsche Islamwissenschaftler verschickte. Darin forderte er die Empfänger auf, ihm mitzuteilen, ob sie zum Islam konvertiert und was ggf. die Gründe dafür gewesen seien. Er benötige diese Informationen für sein neues Buch »Die europäischen Islamwissenschaftler und der Islam«, das bislang allerdings nicht erschienen ist. Durch Einsicht in »hochbrisantes geheimdienstliches Material« hätte Mannheimer die entsprechenden Informationen ohnehin bereits für viele Personen vorliegen, er wolle es aber noch einmal direkt von den Betroffenen erfahren. Er warf seinen Adressaten vor, »dass es eine Tatsache ist, dass ein großer Teil ihrer nationalen und internationalen Kollegen offen oder heimlich zum Islam konvertiert ist. Das ist ein großes Problem.«

Wenn sich Wissenschaftler hingegen kritisch zum Islam äußern, erfahren sie die Zustimmung der Islamgegner. So verhält es sich beispielsweise bei dem Islamwissenschaftler Tilman Nagel, dem Orientalisten Hans-Peter Raddatz, dem Sozialwissenschaftler Manfred Kleine-Hartlage, dem Medizinhistoriker Armin Geus, dem Historiker Bernard Lewis oder dem Religionswissenschaftler Robert Spencer. Wissenschaftler werden von der Szene also nicht auf Grundlage ihrer Arbeitsweise beurteilt, sondern nach ihren Ergebnissen. Als wissenschaftlich wertvoll und zutreffend wird angesehen, was die eigenen Standpunkte stützt. Ergebnisse, die diesen Ansichten zuwiderlaufen, werden als Täuschungsversuche oder unwissenschaftliche politische Meinungsäußerungen abgewertet.

AUF DER BÜHNE
– Quotengarant Islamklischee

Schuld ist Nuhr der Islam
Er habe sich extra noch einen Koran gekauft, um zu gucken, was man überhaupt noch sagen dürfe. Es sei aber nichts übrig geblieben. Dennoch referiert Dieter Nuhr minutenlang über Islam, Muslime und Araber: »Die ganze arabische Welt kommt ja mit zwei Feindbildern aus, um ihr komplettes Versagen zu erklären«, lässt er seine Zuschauer im Saal und vor dem Fernseher wissen: »Amerika und Israel sind an allem schuld.« Der Kabarettist aus Ratingen, Jahrgang 1960, hat islambezogene Passagen schon vor Jahren in sein Repertoire aufgenommen: »Auf der gesamten Welt werden abertausende von Patenten angemeldet, im gesamten arabischen Raum jährlich weniger als 20. Und die Hälfte davon wahrscheinlich noch Steinigungsautomaten.«

Nuhr tritt mit solchen Aussagen regelmäßig im öffentlich-rechtlichen Fernsehen auf, füllt Veranstaltungshallen und hat diverse Auszeichnungen erhalten. Er beschreibt arabische und muslimische Menschen pauschal als rückständig, irrational und ungebildet. Dafür bemüht er auch ihre heilige Schrift: »Im Koran steht ja: ›Nehmt euch nicht eure Väter und eure Brüder zu Freunden, wenn sie den Unglauben dem Glauben vorziehen.‹ Und weiter: ›Kämpft gegen diejenigen, die nicht an Gott glauben, bis sie Tribut entrichten als Erniedrigte.‹ Ist 'ne klare Ansage, kann man sich nach richten. Ja, weil ja viele immer sagen, das ist nicht der Koran, das ist nicht der Islam.« An dieser Stelle muss Nuhr kurz lachen: »Doch.« Jetzt lacht und applaudiert auch das Publikum. »Doch, das steht da«, fährt Nuhr fort, »aber ich bin ja noch gar nicht fertig. Hier, Sure 9, kennen Sie den? Sure 9, Vers 5: ›Tötet die Ungläubigen, wo immer ihr sie findet.‹ Na das grenzt ja an Unhöflichkeit, oder?«

Mit solchen Koranzitaten könnte Nuhr nahelegen, dass die von ihm beschriebenen Missstände – Bildungsdefizite, Gewalt, Morde – mit dem Islam zu erklären sind. So argumentieren auch die Aktivisten der antiislamischen Szene. Der Kabarettist Volker Pispers bezeichnete Nuhr deshalb als »humoristischen Arm der Pegida-Bewegung«. Von Islamgegnern wird Nuhrs Islampolemik dementsprechend als Bestätigung der eigenen Standpunkte aufgefasst. Die PI-Redaktion schreibt über den Kabarettisten, er sei »einer der ganz wenigen, der sich dem verordneten Kritikverbot am Islam angstfrei widersetzt«. Nuhr kritisiert zwar auch andere Religionen, dennoch stützen seine Pauschalurteile zum Islam den Diskurs der antiislamischen Szene.

Türöffner Sarrazin
Kritische Stimmen zum Islam vernimmt man in Deutschland auch auflagenstark auf dem Buchmarkt, in politischen Talkshows oder quer durch die Presselandschaft. Es finden sich ganz ähnlich Ansichten wie in der antiislamischen Szene, zumeist allerdings weniger radikal formuliert. Die Islamkritik von Prominenten stärkt zudem das Selbstbewusstsein der Szene, was man vor allem an Thilo Sarrazin erkennt.

Der frühere SPD-Politiker und Berliner Finanzsenator, 1945 geboren, führte mit seinem im Spätsommer 2010 veröffentlichten Buch »Deutschland schafft sich ab« monatelang die Bestsellerlisten an. Er behandelt darin einen vermeintlichen volkswirtschaftlichen und gesellschaftlichen Schaden durch die Anwesenheit von Muslimen: »In jedem Land kosten die muslimischen Migranten aufgrund ihrer niedrigen Erwerbsbeteiligung und hohen Inanspruchnahme von Sozialleistungen die Staatskasse mehr, als sie an wirtschaftlichem Mehrwert einbringen. Kulturell und zivilisatorisch bedeuten die Gesellschaftsbilder und Wertvorstellungen, die sie vertreten, einen Rückschritt. Demografisch stellt die enorme Fruchtbarkeit der muslimischen Migranten eine Bedrohung für das kulturelle und zivilisatorische Gleichgewicht im alternden Europa dar.«

Solche Sätze wurden in der antiislamischen Szene begeistert aufgenommen. Sarrazin unterstellt der Gruppe der Muslime einen Kollektivcharakter, der sich vor allem durch Rückständigkeit, Fremdartigkeit und geringe Bildung auszeichne. Zudem bedient er das Schreckensbild der Islamisierung durch eine höhere Geburtenrate. Unter der Überschrift »Eroberung durch Fertilität?« schreibt Sarrazin: »Bleibt die Nettoreproduktionsrate der deutschen autochthonen Bevölkerung dort, wo sie seit 40 Jahren liegt, dann wird im Verlauf der nächsten drei Generationen die Zahl der Deutschen auf 20 Millionen sinken. Im Übrigen ist es absolut realistisch, dass die muslimische Bevölkerung durch eine Kombination von hoher Geburtenrate und fortgesetzter Einwanderung bis 2100 auf 35 Millionen wachsen wird. Viele Türken denken in solchen Kategorien.«

Einen Beleg für die Behauptung, dass viele Türken so denken würden, bleibt Sarrazin schuldig. Allerdings denkt er offenbar selbst in »solchen Kategorien«, in denen sich zwei Kollektive feindlich gegenüberstehen: »Wer sich stärker vermehrt, wird am Ende Europa besitzen.« Sarrazin errichtet eine scheinbar unüberwindbare Grenze zwischen »autochthonen Deutschen« und »Muslimen«.

Der antiislamischen Szene spricht er damit aus der Seele. Die Selbstbezeichnung »Sarraziner« machte die Runde und der SPD-Politiker bekam die von PI ins Leben gerufene Auszeichnung »Anti-Dhimmi 2010« verliehen. Auch 2009 wurde ihm dieser Szene-Award bereits zugesprochen, u. a. für seine Aussagen in einem Interview mit der Kulturzeitschrift *Lettre Internationale*. Darin hatte Sarrazin erklärt: »Ich muss niemanden anerkennen, der vom Staat lebt, diesen Staat ablehnt, für die Ausbildung seiner Kinder nicht vernünftig sorgt und ständig neue kleine Kopftuchmädchen produziert. Das gilt für 70 Prozent der türkischen und 90 Prozent der arabischen Bevölkerung in Berlin.«

Trotz der inhaltlichen Nähe zur antiislamischen Szene hat Sarrazin die Auszeichnungen der Website offenbar nicht angenommen. Auch die häufig geäußerten Wünsche, er möge eine eigene politische Partei gründen oder sich der *Pro-Bewegung* oder der *Freiheit* anschließen, blieben ungehört. Rechte Parteien versuchten dennoch, Sarrazins Ansichten für ihre politischen Zwecke zu nutzen und nahmen in Wahlkämpfen auf ihn Bezug. Teilweise wurde Sarrazins Konterfei sogar auf Wahlplakate gedruckt. Gegen Plakate von *Pro Deutschland* und der NPD ging er juristisch vor und erwirkte Verbreitungsverbote.

Antiislamische Wegbereiter
Bereits vor Sarrazin waren diverse »Islamexperten« in kritischer Mission in den deutschen Medien unterwegs. Zwei frühe Vertreter dieses Genres waren

die Journalisten und Publizisten Peter Scholl-Latour (1924-2014) und Gerhard Konzelmann (1932-2008). Unter dem Eindruck der Islamischen Revolution im Iran stehend veröffentlichte Konzelmann 1980 das Buch »Die islamische Herausforderung«. Darin schreibt er, Wien sei »den Moslems« als ein herrliches Ziel erschienen, »die Moslems« hätten in Luther einen Verbündeten gesehen und Pakistan baue an einer »islamischen Atombombe«. Konzelmann entwirft so ein undifferenziertes Bild der islamischen Welt. Muslime in Deutschland bezeichnet er als »Fremde unter uns«, wodurch eine Dichotomie aufgebaut wird, wie sie bis heute in der antiislamischen Szene fortgeschrieben wird. Auch der Topos, der in der Szene heute als »Geburtendschihad« bezeichnet wird, findet sich damals bereits bei Konzelmann. Er spekuliert, ob »die Moslems« dank ihrer Geburtenrate im Jahr 2000 die Sowjetunion beherrschen werden.

Wie Konzelmann ist auch Peter Scholl-Latour geprägt durch die Vorgänge im Iran und von seinen Begegnungen mit dem Revolutionsführer Ruhollah Chomeini. Er veröffentlichte 1983 sein fast 800 Seiten umfassendes »Allah ist mit den Standhaften«. Scholl-Latour geht differenzierter vor als Konzelmann und trägt dem islamischen Pluralismus Rechnung. Allerdings finden sich in seinen Schriften ebenso viele antiislamische Klischees. Scholl-Latour versucht nicht, den Islam und die Lebensrealitäten von Muslimen umfassend darzustellen, sondern er konzentriert sich auf Themen wie Krieg, Krisen und das Streben nach politischer Macht.

Auffällig ist, wie die Einschätzungen der antiislamischen Szene und vieler Wissenschaftler bezüglich Scholl-Latour auseinanderklaffen. Während die Szene in ihm offenbar größtenteils einen »Islamfreund« sieht, halten Wissenschaftler dem Publizisten vor, er habe zur Wiederbelebung des »Feindbildes Islam« beigetragen.

Feministische Islamkritik
Alice Schwarzer, Jahrgang 1942, hat kurz nach der Islamischen Revolution ebenfalls den Iran besucht und ist davon nachhaltig geprägt worden. Im Zentrum ihrer Islamkritik steht die Situation der Frauen. Sie betont dabei, dass sie sich nicht gegen den Gesamtislam engagiert, sondern Muslime zu ihren Freundinnen und Freunden zählt. Ihre einseitige Interpretation des Kopftuchs als »Flagge der Islamisten«, wie Schwarzer sie mehrfach geäußert hat, wird ihr dennoch häufig vorgeworfen. In der antiislamischen Szene gehen die Meinungen zu Deutschlands bekanntester zeitgenössischer Feministin weit auseinander. Teils wird sie als Mitstreiterin gegen die Islamisierung gewürdigt, häufig aber auch als Teil des Problems angesehen, nämlich des herrschenden »linksgrünen Zeitgeistes«.

Neben Schwarzer haben zwei muslimische Frauen die Debatten um Frauen und Islam in den vergangenen Jahren wesentlich mitgeprägt: die Publizistin Necla Kelek, geboren 1957, und die Rechtsanwältin Seyran Ateş, geboren 1963. Ateş überlebte 1984 ein Attentat in einem Beratungszentrum in Berlin, bei dem ihre Klientin von einem Anhänger der türkisch-nationalistischen *Grauen Wölfe* getötet wurde. Sie wird immer wieder angefeindet und bedroht, weil sie sich für die Rechte von Frauen einsetzt.

Ateş ist eine feministisch geprägte Kritikerin des konservativen Migrantenmilieus in Deutschland, zeigt aber auch die Versäumnisse der Mehrheitsgesellschaft auf. In der antiislamischen Szene wird sie teilweise gelobt. PI veröffentlichte ein Foto der Anwältin mit dem Seitengründer Stefan Herre. Allerdings wird Ateş auch kritisiert, weil sie über sich selbst sagt, dass sie für eine Reform des Islams kämpfe. In ihrer Familie werde bereits ein Islam gelebt, der in die heutige Zeit passe. Auf PI nannte ein Nutzer mit dem Pseudonym »Kueltuervertriebener« sie deshalb eine »Tagträumerin«: »Eine faschistische Ideologie lässt sich nicht durch träumen und Couragiertheit ausräumen, sondern nur durch restlose Beseitigung.«

Weniger kritisch steht die Szene offenbar Necla Kelek gegenüber, obwohl sie sich ebenfalls für eine moderne Islamauslegung starkmacht. Von ihren wissenschaftlichen und journalistischen Kritikern wird Kelek und Ateş vor allem vorgehalten, dass sie ihre persönlichen Erfahrungen verallgemeinern würden und eine konservativ-türkische Identität für sie gleichbedeutend mit einer islamischen Identität sei. Zudem würden sie einzig den Islam für die sozialen Missstände im türkisch-migrantischen Milieu in Deutschland verantwortlich machen.

Problem Islam
Auch der Publizist Henryk M. Broder, Jahrgang 1946, hat in Talkshows, Fernsehserien und Zeitungsartikeln verbal mit Islam und Muslimen abgerechnet. 2006 erschien sein viel beachtetes und von der *Bundeszentrale für politische Bildung* vertriebenes Buch »Hurra, wir kapitulieren! Von der Lust am Einknicken«. Darin schreibt Broder, die Unterscheidung in Islam und Islamismus sei eine Erfindung, ein Migrationshintergrund

ein Freifahrtschein und Islamophobie ein Phantombegriff – bis heute wesentliche Standpunkte der antiislamischen Szene.

Von der Szene distanzierte sich der Autor jedoch in einem Interview mit *3sat*. Er erklärte, dass PI nicht seine Sache sei. Dort gebe es sehr gute Beiträge, aber auch rassistische Skandale. Allerdings berichtete die *Frankfurter Rundschau* im September 2011 über eine ihr zugespielte E-Mail-Korrespondenz zwischen Broder und PI-Gründer Stefan Herre. Daraus geht laut der Zeitung hervor, dass beide in losem und wohlwollendem Austausch standen.

Wie Broder fungierte der Publizist Ralph Giordano (1923-2014) als Diskursmotor der antiislamischen Szene. Islamkritisch engagierte er sich im Zuge des Moscheebaus in Köln-Ehrenfeld. Seinen Standpunkt zum Islam legte Giordano in einer Rede dar, die er am 11. September 2007 während einer Kundgebung gegen das Bauprojekt halten wollte. Die Veranstaltung wurde abgesagt, Giordanos Redemanuskript mit dem Titel »Nicht die Moschee, der Islam ist das Problem« daraufhin in der Zeitschrift *Cicero* und einem islamkritischen Sammelband veröffentlicht. Die Frage, ob der Islam reformierbar sei, lässt Giordano darin von dem Schriftsteller Zafer Şenocak mit Nein beantworten. Am Ende nennt er einige Musliminnen seine Freundinnen.

Laut PI bat Giordano die Betreiber der Website, das Redemanuskript auch dort zu veröffentlichen, was daraufhin geschah. Teilen der antiislamischen Szene missfiel allerdings, dass Giordano in der Rede scharfe Kritik an *Pro Köln* äußerte. Die Anhänger der Partei nannte er »parasitär«, »falsch« und »braun«.

Die »Kritische Islamkonferenz« der *Giordano-Bruno-Stiftung* und des *Zentralrats der Ex-Muslime* hatte Ralph Giordano im Jahr 2008 mit einer Rede eröffnet, die den Titel trug: »Nicht die Migration, der Islam ist das Problem.«

Islam und Faschismus
Der deutsch-ägyptische Politologe Hamed Abdel-Samad, 1972 bei Kairo geboren, erfährt große Zustimmung aus der antiislamischen Szene, weil er in seinem Buch »Der islamische Faschismus« (2014) die Ansicht vertritt, dass es sich beim sunnitischen und schiitischen Islamismus um islamische Varianten des Faschismus handelt. Er bezeichnet sie als »Islamofaschismus« – eine Begriffsschöpfung, die schon zuvor in der Szene gebräuchlich war. Abdel-Samad ist zudem der Auffassung, dass der faschistische Charakter bereits im »Ur-Islam« zur Zeit Muhammads angelegt ist.

Sich selbst beschreibt er im 2015 veröffentlichten »Mohamed. Eine Abrechnung« als Sohn eines Imams und ehemals »strenggläubigen Moslem«. Das Buch fand sich mehrere Wochen in den oberen Plätzen der *Spiegel*-Bestsellerliste. Darin nennt Abdel-Samad Muhammad einen »Massenmörder und psychisch kranken Tyrann«, womit er sich beim Jargon der antiislamischen Szene bedient. Zugleich präsentiert er Muhammads Handlungen als vorbildlich für den selbsternannten *Islamischen Staat* und andere Dschihadisten. So stützt Abdel-Samad deren Islamauslegungen – wie es in der Szene üblich ist – und kritisiert zugleich die Argumentationen von »moderaten Muslimen« als »faule Ausreden«.

Dabei spricht der Autor dem Islam allerdings nicht jegliche Existenzberechtigung ab, sondern zeigt Sympathien für liberale Auslegungen. Er sieht die Religion unter Umständen als bestandsfähig an: »Für mich hat nur ein ›Islam Light‹ in Europa eine Zukunft: Islam ohne Scharia, ohne Dschihad, ohne Geschlechter-Apartheid, ohne Missionierung und ohne Anspruchsmentalität.«

Ein Alleinstellungsmerkmal von Abdel-Samad im Vergleich zu anderen Islamkritikern aus Deutschland ist, dass er seine Positionen auch in arabischer Sprache veröffentlicht, wohingegen die meisten anderen bekannten Islamkritiker aus Deutschland sich offenbar damit begnügen, auf den deutschsprachigen bzw. westlichen Islamdiskurs einzuwirken.

»Genozid« und »Umvolkung«

Akif Pirinçci verzichtet offenbar ebenfalls auf Islamkritik in seiner Muttersprache. Der 1959 in Istanbul geborene Autor lebt in Deutschland, seit er zehn Jahre alt ist. Er wurde zunächst durch Romane bekannt, in denen Katzen Kriminalfälle lösen. 2014 veröffentlichte er mit »Deutschland von Sinnen. Der irre Kult um Frauen, Homosexuelle und Zuwanderer« erstmals ein Sachbuch. Darin bezeichnet sich Pirinçci als »Islamhasser« und behauptet: »Der Islam gehört zu Deutschland wie die Reeperbahn nach Mekka.« Dieser Satz baut einen scheinbar unüberwindbaren Gegensatz zwischen Deutschland und Islam auf. Entsprechend schreibt Pirinçci, es gebe keine gemeinsamen Werte zwischen »uns und ihnen«, also Deutschen und Muslimen.

Mit diesen Standpunkten trat Pirinçci mehrfach bei Veranstaltungen der AfD und bei *Pegida* auf. In seiner Rede zum ersten Jahrestag der Demonstrationsreihe provozierte er im Oktober 2015 in Dresden mit einer uneindeutigen Aussage über Konzentrationslager einen Eklat: »Offenkundig scheint man bei der Macht die Angst und den Respekt vor dem eigenen Volk so restlos abgelegt zu haben, dass man ihm schulterzuckend die Ausreise empfehlen kann, wenn er gefälligst nicht pariert. Es gäbe natürlich auch andere Alternativen. Aber die KZs sind ja leider derzeit außer Betrieb.«

Auch sonst hatte Pirinçci in der Rede nicht mit Flüchen und Beleidigungen gespart und Asylsuchende als »flüchtende Schlampen« tituliert. Deutschland drohe zu einer »Moslemmüllhalde« zu werden. Die Kritik war danach groß, viele Buchhändler nahmen Pirinçcis Werke aus dem Sortiment, auch die Katzengeschichten. In der antiislamischen Szene trat das eine Solidaritätslawine los. Es wurde dazu aufgerufen, Pirinçcis Werke erst recht zu kaufen. Der neurechte Verlag *Antaios* nahm sich des Autors an und veröffentlichte 2016 sein neues Buch »Umvolkung. Wie die Deutschen still und leise ausgetauscht werden«. *Pegida*-Chef Bachmann hatte sich hingegen für Pirinçcis Auftritt in Dresden entschuldigt.

In der Szene hatte Pirinçci derweil bereits im März 2013 für Aufmerksamkeit gesorgt, mit seinem auf der von Henryk M. Broder mitbetriebenen Internetseite *Die Achse des Guten* veröffentlichten Artikel »Das Schlachten hat begonnen«. Darin behauptet Pirinçci, es werde derzeit eine planmäßige Ermordung junger »Deutscher« durch zumeist »muslimische« junge Männer durchgeführt, die von gesellschaftlichen Eliten mindestens toleriert werde. Er verwendet dafür den Begriff »Genozid«.

Pirinçci vertritt auch in »Deutschland von Sinnen« viele Szenepositionen: »Allah« gebe »steinzeitliche Befehle«, eine Moschee nennt er »Korankraftwerk« und Schlägereien in U-Bahnen »eine Kostprobe von Allahs Macht«. Medien und Politik bezeichnet er als islamophil, wodurch Deutschland und Europa bereits in 15 Jahren, also 2029, islamisiert seien. Muslime beschreibt Pirinçci als unintelligente und durch Heiratsregeln verdummende, irrationale und degenerierende Gruppe, von der erhebliche Gefahren für Nicht-Muslime ausgehen würden. Dabei differenziert er zwischen gläubigen Muslimen und nicht-religiösen Personen aus islamischen Kontexten, denen er nicht vorwirft, sich an den diversen negativen und von ihm als islamisch beschriebenen Prozessen zu beteiligen. Der Islam erscheint bei ihm dennoch als homogenes Gebilde, das sich »diesen Staat zur Beute machen« werde.

Zugleich kritisiert Pirinçci Aspekte der gegenwärtigen christlichen Religiosität in Deutschland und lobt die seit der Aufklärung bestehende Kritik am Christentum. Er ist also nicht einseitig antiislamisch ausgerichtet, kann mit seinen Standpunkten und seinem Erfolg jedoch als stützendes und popularisierendes Element des antiislamischen Diskurses in Deutschland angesehen werden. Eine solche mediale Aufmerksamkeit wie Pirinçci hat seit Thilo Sarrazin kein islamkritischer Autor und keine islamkritische Autorin erhalten. Pirinçcis maximale Verbalradikalität, zu der er ganz offensichtlich von der antiislamischen Szene inspiriert worden ist, wirkt.

SENDUNGSBEWUSSTSEIN
– Antiislamische Biografien

Migration und Hintergrund
Viele weiße deutsche Männer, wenige Frauen: So erscheint die antiislamische Szene zumeist in den Medien. Die Website PI hingegen beschreibt ihre Anhängerschaft als sehr vielfältig, »vom Ultra-Konservativen bis zum Ex-Antifa-Aktivisten« sei alles dabei: »Christen, Juden, Muslime, Ex-Muslime, Buddhisten, Liberale, Atheisten, Deutsche, Ausländer, Schwule, Rechte und Linke.«

Tatsächlich ist die Szene sehr heterogen. Mehrere Islamkritiker mit Migrationserfahrung und islamischem Background habe ich bereits vorgestellt, wie Necla Kelek, Hamed Abdel-Samad oder Akif Pirinçci. In der Szene agieren noch viele weitere Personen mit ähnlichen Biografien, wie Mehdi A. aus Süddeutschland, Ende 30, der eine PI-Regionalgruppe koordiniert und aktives Mitglied der *Bürgerbewegung Pax Europa* ist. Bis zum Alter von 13 Jahren lebte A. im Iran, dann kam er mit seinen Eltern nach Deutschland. Er absolvierte die Mittlere Reife, arbeitet in der Gesundheitsbranche und ist verheiratet.

Zu seiner iranischen Familie erklärte mir A., dass »keiner von ihnen betet oder fastet oder irgendwie auf Alkohol oder sonstiges verzichtet. Also es sind einfach Namensmuslime, wie viele Iraner ebenfalls.« Deshalb sei A. auch nicht religiös erzogen worden. Seine PI-Gruppe beschreibt er als vielfältig. Es gebe Aktivisten aus der Türkei, Serbien und Italien. Auch Aleviten und »Christen aus dem Nahen Osten« seien dabei.

Christliche Aktivisten, die ihre Wurzeln in islamisch geprägten Staaten haben, treten auch bei Veranstaltungen und in Veröffentlichungen der antiislamischen Szene auf. Bekanntestes Beispiel ist Sabatina James: Die Österreicherin wurde 1982 als Kind muslimischer Eltern in Pakistan geboren. Ihre Familie zog in die Nähe von Linz, als James zehn Jahre alt war. Wegen ihres »westlichen Lebensstils« habe es Spannungen in der Familie gegeben, sagt James. Deshalb sei sie nach Pakistan in eine Koranschule geschickt worden und sollte mit einem Cousin verheiratet werden. Sie sei jedoch zurück nach Europa geflohen: »Ich konvertierte vom Islam zum Christentum. Es traf mich die Antwort des Islam: Im Jahr 2001 sprachen mein Vater und ein muslimischer Geistlicher das Todesurteil über mich aus.«

Jetzt engagiert sich James aus einer katholischen Perspektive heraus islamkritisch. Sie schreibt Bücher, hat einen Verein gegründet und moderiert Internet-Videos des antiislamischen »Al Hayat TV«. Sie warnt ihr Publikum eindringlich vor Islam und Muslimen: »Spiegeln die radikalen Islamisten nicht das wahre Gesicht des Islams wider? Der genaue Blick auf die Quellen des Islams, nämlich Koran und Sunna, zeigt uns vor allem eins: Islam, Faschismus und Gewalt sind eine zwangsläufige Kombination.«

Ex-muslimisch, jüdisch, links
Mina Ahadi, 1956 im Iran geboren, ist Mitbegründerin und Vorsitzende des *Zentralrats der Ex-Muslime und sonstiger nichtreligiöser Menschen*. Ahadi erzählte mir, dass sie sich bereits als Kind und Jugendliche vom Islam distanziert hatte: »Ich wuchs in einem kleinen

Dorf auf und sollte im Alter von neun Jahren einen Tschador tragen. Viele Dinge waren mir in dem Alter bereits verboten. Ich habe immer den Wunsch gehabt, in eine große Stadt zu ziehen und ohne Kopftuch auf die Straße gehen und mein Leben genießen zu können.«

Als linke Aktivistin litt Ahadi vor und nach der Islamischen Revolution 1979 unter staatlichen Verfolgungen. 1980 wurde ihr Ehemann hingerichtet und Ahadi zum Tode verurteilt, ihr Medizinstudium musste sie abbrechen: »Ich habe also schon erlebt, was es bedeutet, wenn der Koran und Islamisten die Macht haben. Ich habe dadurch schon einmal fast alles verloren.«

Ahadi floh über kurdische Gebiete nach Wien, heute besitzt sie die österreichische Staatsbürgerschaft. Seit 1996 lebt sie in Köln. Anlass für die Gründung des *Zentralrats der Ex-Muslime* war die *Deutsche Islam Konferenz*, durch die sich Ahadi und andere unter religiösen Vorzeichen vereinnahmt fühlten: »Da viele von uns gezwungen waren, den islamischen Machthabern in unseren Herkunftsländern zu entfliehen, können und wollen wir es nicht hinnehmen, dass nun in Deutschland ausgerechnet muslimische Funktionäre in unserem Namen sprechen sollen.«

Zur antiislamischen Szene halten die *Ex-Muslime* weitestgehend Distanz. So hieß es bei *Facebook*: »Rassisten, die aus jedem einzelnen Moslem einen potentiellen Terroristen, Vergewaltiger und Verbrecher machen wollen, können wir einfach nicht leiden!« Dennoch war Ahadi 2009 als Rednerin bei der *Bürgerbewegung Pax Europa* aufgetreten. Im Mai 2016 lehnte sie eine Einladung der AfD ab, weil die Partei »ähnliche autoritäre, homophobe und sexistische – kurz: menschenfeindliche – Positionen wie die ultrakonservativen Islamverbände« vertrete und »den gleichen fundamentalistischen Traum wie die Islamisten« träume.

Neben bekennenden Muslimen wie Kelek und Ateş oder ehemaligen Muslimen wie Ahadi, James und Mehdi A. sind unter Deutschlands Islamgegnern auch Menschen mit einem jüdischen Selbstverständnis aktiv. Ralph Giordano und Henryk M. Broder habe ich eben bereits vorgestellt, aber auch in der zweiten Reihe finden sich Jüdinnen und Juden.

Susanne B. ist in Nordrhein-Westfalen aufgewachsen und lebte, als ich 2012 mit ihr gesprochen habe, in einer Kleinstadt in Süddeutschland. Sie bezeichnete sich als gläubige liberale Jüdin. »Ich bin gegen den Islam, weil er zutiefst antisemitisch ist«, sagte Susanne B. Sie habe den Islam schon in ihrer Schulzeit »mitten im Kalten Krieg« nicht ausstehen können, »weil er mir einfach zu irrational ist.« Auch muslimische Menschen seien »immer schon so bescheuert drauf« gewesen. Bei einer Reise auf die Sinai-Halbinsel in den 1980er-Jahren seien B. »nur primitive Menschen« begegnet. Rückblickend sagte sie: »Ich bin immer schon gegen den Islam gewesen. Und ich meine aktiv, also dass ich eben sehr viel schreibe und auch auf Demos gehe und so weiter, das mach ich erst so seit ein paar Jahren.«

Nicht nur religiös, auch politisch ist die antiislamische Szene heterogen. Viele Islamgegnerinnen und Islamgegner waren vor ihrem antiislamischen Engagement bereits in Parteien aktiv, wie Rolf P. aus Westdeutschland, der mir berichtete, dass er 22 Jahre Mitglied in der SPD gewesen ist. Er sei nach wie vor Sozialdemokrat, schätze »halt nur die SPD nicht mehr als sozialdemokratische Partei ein«. P., der Mitte 40 ist und in einem akademisch-technischen Beruf selbstständig arbeitet, beschreibt sich als gläubigen Katholiken und engagierten Abtreibungsgegner. Über eine Internet-Suche zum Thema »gender mainstream« sei er auf PI gestoßen und habe feststellen müssen: »Da ist mehr Wahres dran, als mir lieb ist.« So schloss sich P. der PI-Regionalgruppe in seinem Wohnort an. Dort gebe es u. a. »drei Ex-Grüne und ein aktives CDU-Mitglied«. Nach dem Austritt aus der SPD war P. zunächst für ein halbes Jahr Mitglied bei der *Pro-Bewegung*. In seinem Freundeskreis habe man sich deshalb gewundert, »dass ich jetzt bei den Nazis wäre, ich wäre doch früher der Kommunist gewesen«.

Wege in die Islamkritik
Wie P. geben viele Aktivistinnen und Aktivisten an, dass sie über das Internet zur antiislamischen Szene gekommen sind, vor allem durch PI. Mehdi A. habe die Website regelmäßig besucht und dann festgestellt, »dass ein Bekannter von mir, der übrigens auch selber Migrationshintergrund hat, auch dort aktiv ist. [...] Wir haben uns dann ein bisschen kurzgeschlossen und kamen auf die Idee, dass wir auch [...] eine Ortsgruppe gründen.«

Als Schlüsselerlebnis für seine islamkritische Haltung nennt A. die Anschläge vom 11. September 2001. Danach sei er »aus dem Islam ausgetreten. Bis dahin habe ich mich auch als Namensmuslim gesehen und fand es überhaupt nicht problematisch«. Nachdem er sich vom Islam abgewandt hatte, entdeckte A. das Christentum für sich. Er ist zwar nicht getauft worden, sieht sich aber »durchaus selber als Christen«, weil er

»als Vorbild eher den Jesus haben möchte als den Muhammad.«

Vielen anderen Aktivisten gilt der 11. September 2001 ebenfalls als Ausgangspunkt ihrer kritischen Beschäftigung mit dem Islam. Michael Stürzenberger sagte mir, sein »erster Kontakt mit dem Islam« habe an diesem Tag stattgefunden: »Ich saß wie versteinert vor dem Fernseher und fragte mich, was Menschen dazu bringen kann, so etwas zu tun.« Achim C. erklärte mir ganz ähnlich: »Die Erweckung war 9/11, gar keine Frage.«

Auch auf PI liest man immer wieder entsprechende Selbstauskünfte, wie von Nutzer »r2d2«: »Herr Osama Bin Laden hat nicht nur Schläfer wie Mohammed Atta geweckt, sondern auch schlafende Europäer. Ich bin seit dem 9/11 hellwach beim Thema Islam. [...] Danke Herr Bin Laden, dass Sie mir die Augen geöffnet haben.« Und »Hiob unter Satans Anklage« schrieb: »Im Nachhinein kann ich ohne Übertreibung sagen, dass ich am 11. September 2001 alles über den Islam gelernt habe, was ich wissen muss.«

9/11 ist eine Art Ursprungsmythos der Szene, eine identitätsstiftende Erzählung.

Anschläge und Deutungen
Daneben führen Aktivisten noch weitere Ereignisse als Startpunkte ihrer Islamkritik an. Für Susanne B. waren es die Reaktionen auf die Veröffentlichung von Salman Rushdies »Die Satanischen Verse« 1989. Andere nennen beispielsweise die Islamische Revolution im Iran 1979, die Ermordung des niederländischen Filmemachers Theo van Gogh 2004, die Anschläge von Madrid 2004 und London 2005 oder die Affäre um die Muhammad-Karikaturen 2006.

Eine Studie des US-Forschungszentrums *Pew* aus dem Jahr 2008 hat gezeigt, dass insbesondere islamistisch motivierte und kontextualisierte Anschläge das negative Islambild im Westen verstärkt haben. Dazu wurden über einen längeren Zeitraum weltweit Einstellungen gegenüber Islam und Muslimen erhoben. Die Ergebnisse der Studie und die Selbsteinschätzungen der Aktivisten bestätigen sich also in gewisser Weise gegenseitig: Anschläge, die mit dem Islam in Verbindung gebracht werden, können ablehnende Haltungen gegenüber der Religion hervorrufen und verstärken.

Neben diesen medial vermittelten Ereignissen – denn die Aktivisten waren in der Regel nicht selbst vor Ort – haben Islamgegnerinnen und -gegner ihr Engagement auch aufgrund direkter Erlebnisse mit (vermeintlichen) Muslimen begonnen. Insgesamt werden persönliche Erlebnisse allerdings seltener als Ursprung der Islamkritik genannt. Für Klaus W. war der Auslöser, dass in seiner Nachbarschaft eine Moschee gebaut werden sollte: »Da hab ich die Nachbarn gefragt, da haben wir eine kleine Bürgerinitiative gegründet, haben die Stadträte und den Bürgermeister versucht zu beeinflussen, dass das so nicht in Ordnung ist.«

Im Internet schildern Aktivisten viele weitere Erfahrungen, wie Begegnungen mit aufdringlichen Männern beim Urlaub in Ägypten, eine gescheiterte Ehe mit einem Muslimen oder »die tägliche Straßenbahnfahrt in Wien«. Solche Ereignisse reichen jedoch nicht aus, um vollständig zu erklären, warum jemand sich in der antiislamischen Szene engagiert – auch wenn viele Aktivistinnen und Aktivisten es so darstellen. Sonst hätten alle Menschen, die am 11. September 2001 den

Terror im Fernsehen verfolgt haben oder die täglich in Wien die Straßenbahn benutzen, islamkritisch werden müssen. Das ist jedoch nicht der Fall, weil noch ein entscheidender Schritt fehlt: die spezifische Deutung dieser Erlebnisse.

Zu ihren Deutungen haben die Aktivisten in der Regel nicht alleine gefunden, sondern sie haben sie von anderen übernommen. Viele Islamgegner geben an, dass sie von Büchern und Websites in ihrem Weltbild beeinflusst worden sind. PI habe ihnen »die Augen geöffnet«, schreiben Leserinnen und Leser der Website immer wieder. Obwohl die Aktivisten also häufig einzelne Ereignisse als Auslöser für ihr Engagement nennen, sind die Wege in die Islamkritik vielmehr als Prozesse zu betrachten, die neue Weltbilder, Wahrheiten und soziale Veränderungen mit sich bringen.

CHRISTLICH-JÜDISCH?
– Islamgegner und Religionen

Christen gegen Christen

Was bedeutet es, sich in Deutschland im 21. Jahrhundert zu Jesus Christus zu bekennen? Im Angesicht der Fluchtbewegungen nach Mittel- und Nordeuropa antworten Tausende Christinnen und Christen: notleidenden Menschen zu helfen und mit Nächstenliebe zu begegnen. Ausdruck davon sind zahlreiche Angebote für Geflüchtete, die von Kirchengemeinden organisiert werden. Sie reichen von der Fahrradwerkstatt über die Hausaufgabenbetreuung bis hin zur Unterstützung bei Behördenangelegenheiten. Die Leitungen der evangelischen und der katholischen Kirche befürworten und fördern das. Hilfe für notleidende Menschen ist für sie ein christliches Gebot.

Ganz anders urteilen AfD, *Pegida* und die antiislamische Szene. Ihre Bewegung beinhaltet einen einflussreichen christlichen Flügel, der den Zusammenschluss »Christen in der AfD« hervorgebracht hat und vor allem von evangelikalen Protestanten und sehr konservativen Katholiken getragen wird. Deren gesellschaftspolitische Ansichten schlagen sich in der Ausrichtung der AfD nieder, was beispielsweise an der Befürwortung »traditioneller« Geschlechterrollen, der Forderung nach einem strikten Abtreibungsverbot und der Ablehnung sexueller Vielfalt deutlich wird. Auch die »Demo für alle«-Bewegung und ihre Fundamentalkritik an schulischer Sexualaufklärung als »Frühsexualisierung« spiegeln sich im Programm der AfD.

In der Flüchtlingsfrage nimmt die antiislamische Szene Positionen ein, die denen der Kirchen diametral entgegenlaufen. AfD-Chefin Frauke Petry warf den Kirchen in einem Interview mit der *Stuttgarter Zeitung* vom 17. Februar 2016 Verlogenheit vor, weil sich die Kirchen vor allem um Muslime und zu wenig um notleidende Christen kümmern würden. Der bayerische Landesvorsitzende der AfD, Petr Bystron, behauptete am 26. Mai 2016 in der *Huffington Post*, die Kirchen würden sich lediglich aus wirtschaftlichen Interessen für Geflüchtete einsetzen, weil sie über ihre Wohlfahrtsverbände »alleine an der Flüchtlingskrise mehrere Milliarden Euro pro Jahr« verdienen würden. Auch Petry hielt den Kirchen vor, in der Flüchtlingspolitik nicht aus Nächstenliebe zu handeln, sondern lediglich eigene Interessen zu verfolgen. Ex-*Pegida*-Frontfrau und Ex-AfDlerin Tatjana Festerling sagte bei einer *Legida*-Demonstration in Leipzig, dass Bürger mit klarem Verstand »diese volksverratenden, volksverhetzenden Eliten aus den Parlamenten, aus den Gerichten, aus den Kirchen und aus den Pressehäusern prügeln« würden.

Umgekehrt kritisieren auch die Kirchen die AfD: Die Partei sei menschenverachtend und verwende Hasssprache, sagte Kardinal Reinhard Marx, Vorsitzender der katholischen Bischofskonferenz. Zum Katholikentag in Leipzig im Mai 2016 waren Vertreter der AfD explizit nicht eingeladen worden. Der Ratsvorsitzende der *Evangelischen Kirche in Deutschland*, Heinrich Bedford-Strohm, forderte die AfD auf, sich und ihre Positionen nicht länger als christlich zu bezeichnen: Wer auf Spaltung setze und Flüchtlinge pauschal verdächtige, handele nicht christlich. AfD-Politiker Alexander Gauland wiederum bezeichnete Bedford-Strohm als »gefährliches Irrlicht«, weil er sich für flächendeckenden Islamunterricht an deutschen Schulen ausgesprochen hatte. Außerdem nannte Gauland die evangelische Kirche in der *Zeit*-Beilage *Christ&Welt* zum Katholikentag 2016 »feministisch-ökologisch und links-grün«. Daher sei sie ihm unsympathisch.

Christen gegen Kirchen
Die Frage nach dem Umgang mit Geflüchteten hat also einen tiefen Riss sichtbar gemacht, der sich quer durch das Christentum in Deutschland zieht. Die Ablehnung der christlichen Kirchen durch Islamgegner besteht dabei nicht erst seit dem Aufkommen von AfD und *Pegida*, sondern ist seit Jahren ein zentraler Aspekt der antiislamischen Szene. Michael Stürzenberger, einer der einflussreichsten Aktivisten, versteht sich als Agnostiker. Alle Religionen seien »von Menschenhand geschaffen«, das Christentum erscheine ihm aber »von seinen Grundsätzen her am sympathischsten«, erklärte mir Stürzenberger. Dennoch seien für ihn viele deutsche Kirchenfunktionäre »gnadenlose Opportunisten, die das Lied der Mächtigen nachpfeifen«, sagte Stürzenberger in einem Video, das er im Mai 2016 u.a. bei *Facebook* veröffentlichte: »Genauso wie damals bei den Nazis, haben sie sich auch alle schön stramm hingestellt und das Ärmchen gehoben.«

Stürzenberger wirft den Kirchen vor, islamische Verbände in Deutschland zu sehr zu unterstützen und so die vermeintliche Islamisierung voranzutreiben. Er hält den Kirchen und auch dem *Zentralrat der Juden* vor, sie würden sich mit ihrem »Todfeind« solidarisieren. Der Aktivist ruft die evangelische Kirche stattdessen auf, sich an Martin Luther und dessen Islamablehnung zu orientieren. Der Reformator hatte Muhammad als Antichristen, den Koran als Buch voller Lügen und den Islam als Zerstörung der gottgewollten Ordnung bezeichnet. Auch die thüringische AfD bemüht Luther und ruft mit seinem Konterfei und dem Satz »Hier stehe ich und kann nicht anders« zu Demonstrationen auf.

In der antiislamischen Szene sind kirchenkritische Positionen wie die Stürzenbergers Allgemeingut. Als »Blasphemie« bezeichnete beispielsweise die PI-Gruppe Berlin eine gemeinsame Veranstaltung von Muslimen und Christen. Empörung ist auch immer wieder zu vernehmen, wenn von Vertretern von Christentum und Islam betont wird, dass man zum selben Gott bete. Im Islam steht diese theologische Position außer Frage und auch die christlichen Kirchen in Deutschland vertreten sie ganz überwiegend. Das Zweite Vatikanische Konzil (1962-1965) hatte in der Erklärung »Nostra Aetate« festgestellt, dass Christen und Muslime an denselben Gott glauben. Laut PI sei dadurch die »geistige Voraussetzung« geschaffen worden, »dass sich der Islam unter dem Deckmantel der Friedlichkeit und Friedfertigkeit in Europa schleichend etablieren und sich inzwischen auch weitgehend politisch festigen konnte«.

Dem Katholizismus wird hier ein wesentlicher Beitrag zur angeblichen Islamisierung unterstellt. Im Unterschied dazu wird in der antiislamischen Szene zumeist die Ansicht vertreten, dass islamischer und christlicher Gott grundverschieden sind. Solche theologischen Positionen sind von sehr konservativen und evangelikalen christlichen Strömungen schon lange bekannt, aber auch nicht-religiöse Islamgegner haben sie übernommen. Achim C. beispielsweise versteht sich als »toleranten Atheisten« und beschreibt die Menschheit in Anlehnung an Ludwig Feuerbach als »unheilbar religiös«. Dennoch betätigt er sich als Theologe und bezeichnet die Einheit von christlichem und islamischem Gott als Lüge.

Kirchen und Islam

Islamablehnung ist allerdings nicht nur in radikalen christlichen Strömungen zu finden, sondern teils auch an zentralen Stellen der christlichen Kirchen. Verwiesen sei hier exemplarisch auf zwei Veröffentlichungen aus dem Jahr 2006, die jeweils von den höchsten Kirchenebenen stammen: die »Regensburger Vorlesung« von Papst Benedikt XVI. und die Handreichung »Klarheit und gute Nachbarschaft. Christen und Muslime in Deutschland« der EKD. Sie setzt sich vor allem mit Integrationsproblemen von Muslimen in Deutschland auseinander und bringt diese mit dem Islam in Zusammenhang. Aus Kirchenkreisen erntete die Handreichung teilweise Kritik. Der evangelische Theologe und Vorsitzende des *Interkulturellen Rates in Deutschland*, Jürgen Micksch, bemängelte in seinem Buch »Evangelisch aus fundamentalem Grund. Wie sich die EKD gegen den Islam profiliert« (2007), dass die Erfahrungen jahrelanger Dialogarbeit zwischen Christen und Muslimen nicht beachtet würden. Stattdessen schüre die Kirche Angst und Abneigung gegenüber Muslimen und schärfe ihr eigenes Profil in der Abgrenzung zum Islam.

Auf katholischer Seite zitierte Papst Benedikt XVI. in seiner Regensburger Rede den byzantinischen Kaiser Manuel II. Palaiologos: Der islamische Prophet

Muhammad habe nur »Schlechtes« und »Inhumanes« gebracht. Später stellte die Kirche klar, dass der Papst sich die Worte des Kaisers nicht zueigen gemacht habe. Dennoch erhielt Benedikt aus der antiislamischen Szene Zuspruch für seine Äußerungen. Die PI-Redaktion bezeichnete die Rede als »grandios«, kritisierte an vielen anderen Stellen aber die vermeintlich wohlwollende Haltung des Papstes gegenüber dem Islam.

Auch die EKD-Handreichung von 2006 wurde in der Szene positiv aufgenommen. Auf PI hieß es: »Die evangelische Kirche geht mit wirklich gutem und hoffnungsvollem Beispiel voran. Wenn diese Vorgaben auch umgesetzt werden, sind wir auf dem richtigen Weg.« Beide Fälle zeigen, dass die antiislamische Szene den Kirchen nicht immer ablehnend gegenübersteht, sondern Haltungen von Kirchenvertretern dann positiv beurteilt, wenn diese sich kritisch zum Islam äußern. Die Beispiele veranschaulichen zudem, dass die Kirchen nicht »islamophil« sind, wie es ihnen von Islamgegnern vorgeworfen wird, sondern dass unterschiedliche Ansichten zum Islam vertreten werden.

Christen und Atheisten vereint
Derweil ist die antiislamische Szene keine rein christliche oder religiös-motivierte Bewegung. Ebenso stark wie christliche Selbstverständnisse sind atheistische und agnostische Identitäten vertreten. Jüdische, ex-muslimische und reform-muslimische Aktivistinnen und Aktivisten habe ich ebenfalls bereits vorgestellt. Klaus W. sagte mir über seine Mitstreiter: »Die sind teilweise Atheisten und fürchten den Islam. Es sind Christen, die den Islam fürchten.« Auch Juden und Kopten seien dabei: »Also die gesamte Bandbreite, von

Religion total verneinend bis zu der Motivation, mit dem Christentum den Islam zu verhindern.« Hier wird einmal mehr deutlich, dass die antiislamische Szene trotz erheblicher weltanschaulicher und politischer Differenzen durch ihr gemeinsames Anliegen zusammengehalten wird: die Opposition gegen den Islam.

Dennoch werden in der Szene auch religionsbezogene Meinungsverschiedenheiten ausgetragen. Die atheistische und die christliche Fraktion prallen regelmäßig verbal aufeinander. Von »durchgeknallten Christenspinnern« und »Radikalfanatikern« ist die Rede, die kaum besser seien als die »fanatischen Moslems« und »bei den Neonazis oder in der erzkatholischen Inquisition« besser aufgehoben wären. In einer mir vorliegenden Einladungsmail einer PI-Regionalgruppe an ihre Mitglieder und Sympathisanten heißt es, man sollte »immer wiederkehrende Endlos-Randthemen (z.B. wer ist der bessere Islamkritiker oder Christentum vs. Atheismus etc.) möglichst vermeiden bzw. nicht zu einem abendlichen Hauptthema machen«.

Christlich-jüdisches Europa
Trotz dieser religionskritischen Ansätze behaupten Vertreter der antiislamischen Szene immer wieder, das »christlich-jüdische« Europa zu verteidigen. Sie wollen mit dem Islam einen vermeintlichen äußeren Feind abwehren. Dabei ist der Wandel des Christentums in Deutschland und Europa ein innerer Prozess: Die Kirchen werden leerer, die Kinder nicht mehr getauft. Müsste, wer die christliche Tradition bewahren will, nicht eigentlich dagegen etwas unternehmen? Auch bei *Pegida* in Dresden vernimmt man die christlich-jü-

dischen Slogans, obwohl laut mehreren Erhebungen mehr als zwei Drittel der Demonstrierenden konfessionslos sind. Das entspricht in etwa dem Bevölkerungsanteil der religionslosen Menschen in Sachsen. *Pegida* demonstriert also gewissermaßen gegen sich selbst: Obwohl sie selbst nicht in die Kirche und schon gar nicht in die Synagoge gehen, wollen die atheistischen Sachsen die vermeintliche religiöse Tradition des Abendlandes bewahren. Darin ist in erster Linie eine Abgrenzung zum Islam zu sehen. Der Kontinent wird strategisch als christlich-jüdisch definiert, sodass für den Islam kein Platz ist. Dabei wird das Christentum von vielen Aktivisten verklärt und überhöht. Auf PI findet sich eine Gegenüberstellung vermeintlich positiver Zitate aus der Bibel mit vermeintlich negativen Zitaten aus dem Koran. Die Textstellen wurden einseitig ausgewählt, sodass das Christentum als friedliebend, barmherzig und gnädig erscheint und der Islam als das gewalttätige Gegenteil.

Gleiches wird in Aussagen von PI-Gründer Stefan Herre deutlich. »Während Jesus aus Liebe zu den Menschen sein Leben gegeben hat, hat Mohammed Tausenden das Leben genommen«, sagte Herre am 4. Oktober 2007 auf der privaten katholischen Internetseite *kath.net*: »Während es der Kirche um Bewahrung der Schöpfung, um das Ja zum Leben, um eine Vision einer besseren Welt (nämlich des von Jesus verkündeten Gottesreichs) geht, geht es dem Islam um Herrschaft, Macht, totale Kontrolle mit allen Mitteln. Während ein Christ niemandem absichtlich schaden soll, jedoch sein eigenes Leben opfern darf, um andere zu retten, ist es für einen Muslim ehrenhaft, möglichst viele Ungläubige – also Christen, Juden, etc. – mit in den Tod zu reißen.« Christliche Geschichte und Lehre werden hier einseitig ins Positive verkürzt, der Islam hingegen wird auf negative Aspekte reduziert.

Tradition und Konstruktion

Ein junger Anhänger der *Pro-Bewegung* sagte mir, dass die Menschen in Mitteleuropa schon seit über 2.000 Jahren eine christlich-jüdische Tradition pflegen würden. Das stimmt so natürlich nicht: Jüdinnen und Juden lebten erst ab dem 4. Jahrhundert der modernen Zeitrechnung in der Region. Im heutigen Deutschland sind dauerhafte jüdische Siedlungen sogar erst ab dem 10. Jahrhundert nachweisbar. Auch die Christianisierung wurde erst im Verlauf des Mittelalters vollzogen. Vor 2.000 Jahren war noch kein Mensch in Mitteleuropa christlich, zumal das Christentum noch gar nicht existierte.

Die Einschätzung des Aktivisten ist also historisch völlig unzutreffend und deshalb vor allem Ausdruck seines Selbstbildes. Die vermeintliche Tradition, die er und weite Teile der antiislamischen Szene verteidigen wollen, ist eine ahistorische Konstruktion, die die komplexe Geschichte der christlichen Strömungen in Europa sowie das Jahrhunderte währende und häufig leidvolle Schicksal jüdischer Menschen ausblendet – zugunsten einer antiislamischen Positionierung.

Ein solcher Gebrauch des Begriffskonstrukts »christlich-jüdisches Europa« findet sich auch über die Szene hinaus im gesellschaftlichen Diskurs. Laut dem Historiker Wolfgang Benz vereinnahmt diese Formel »das Jüdische für die Abwehr des Islam, und wer sie gebraucht, muss sich fragen lassen, ob er naiv-unwissend ist oder ob er die Juden instrumentalisiert. Denn«, so schreibt Benz in »Antisemitismus und ›Islamkritik‹« (2011),»die Ausgrenzung, Verfolgung und Ermordung von sechs Millionen Juden im Zeichen nationalsozialistischer Ideologie ist erst vor wenigen Jahrzehnten Realität gewesen, und die Vorgeschichte des Holocaust, der Judenhass in Europa in seinen religiösen, rassistischen, kulturellen und politischen Ausprägungen, ist eine Tatsache, die Jahrhunderte dauerte.«

Kreuzritter und Antisemitismus
Zudem kann die Formulierung »christlich-jüdisch« nicht darüber hinwegtäuschen, dass in der antiislamischen Szene teilweise antijüdische und antisemitische Positionen zu finden sind. Die *Identitäre Bewegung* beispielsweise spricht sich mit ihrer Parole »Weder Kippa, noch Palituch« nicht nur gegen den Islam, sondern auch gegen das Judentum in Deutschland aus. In der *Pro-Bewegung* sind zahlreiche Personen aktiv, die zuvor in antisemitischen Parteien und Gruppierungen wie der NPD mitgewirkt haben. PI-Aktivistin Susanne B., die sich als liberale Jüdin bezeichnet, sagte mir über die *Pro-Bewegung*: »Da hab ich auch immer meine Bedenken, dass da ein latenter Antisemitismus mit dabei sein könnte.«

Die AfD in Baden-Württemberg hat sich über die Frage zerstritten, ob ihr Abgeordneter Wolfgang Gedeon aus der Landtagsfraktion ausgeschlossen werden soll. Gedeon hatte sich in verschiedenen Schriften antisemitisch geäußert, was für Teile der Fraktion aber offenbar kein Ausschlusskriterium ist. Deutschlandweit waren auch von einigen anderen AfD-Politikern antisemitische Aussagen zu vernehmen. Der Sozialwissenschaftler und Antisemitismusexperte Samuel

Salzborn kommt vor diesem Hintergrund in der *taz* vom 11. Oktober 2016 zu dem Ergebnis, dass antisemitisches Denken in der AfD »tief verwurzelt« sei.

Die AfD fordert in ihrem Grundsatzprogramm außerdem ein Schächtverbot, was neben der islamischen auch die jüdische Religionsausübung betreffen würde. Ein Verbot der religiösen Beschneidung von Jungen war in der Partei ebenfalls diskutiert, jedoch nicht ins Bundesprogramm aufgenommen worden. In der antiislamischen Szene wird es dennoch verschiedentlich gefordert, so von Michael Stürzenberger, der die jüdische und muslimische Beschneidungspraxis als »religiösen Wahn« bezeichnet.

Die Band *Kategorie C* textete in ihrer *HoGeSa*-Hymne »Hooligans gegen Salafisten« über Muslime: »Heute schächten sie Schafe und Rinder, morgen vielleicht schon Christenkinder.« In diesen Zeilen lebt das auf die Muslime übertragene antisemitische Motiv des Ritualmords weiter. Jüdischen Menschen wurde in Europa seit dem Mittelalter immer wieder der systematische Mord an christlichen Kindern aus rituell-religiösen Zwecken vorgeworfen.

Darüber hinaus stellen sich antiislamische Aktivisten häufig in eine vermeintliche Tradition der europäischen Abwehr islamischer Angriffe, indem sie sich als »Kreuzritter« oder »Reconquista« bezeichnen. Reconquista bedeutet im Spanischen und Portugiesischen »Wiedereroberung« und verweist auf die christliche Einnahme der Iberischen Halbinsel von muslimischen Herrschern, die 1492 abgeschlossen war. Dabei wurden allerdings nicht nur die Muslime, sondern auch die Jüdinnen und Juden von den »Rückeroberern« vertrieben. Antiislamische Aktivisten wollen mit der Selbstbezeichnung Reconquista suggerieren, dass es Europa erneut zurückzuerobern gelte. Dabei sind sie sich entweder nicht bewusst, nehmen in Kauf oder befürworten, dass der Bezugnahme auf die Reconquista nicht nur eine antiislamische, sondern auch eine antijüdische Komponente innewohnt.

Gleiches gilt für die Selbstbetitlung als »Kreuzritter«, die in der Szene ebenfalls verwendet wird. Die mittelalterlichen Kreuzzüge waren vermeintlich gegen die islamische Herrschaft im »Heiligen Land« gerichtet, insbesondere im Ersten Kreuzzug 1096 wurden jedoch auch zahlreiche jüdische Menschen im Rheinland angegriffen, vertrieben und ermordet. Diese Vorgänge gelten als erste organisierte Pogrome gegen Jüdinnen und Juden in Mitteleuropa.

Dennoch wirken auch einige Jüdinnen und Juden in der antiislamischen Szene mit, wie Susanne B. oder der AfD-Politiker Wolfgang Fuhl aus Lörrach. Er äußert Sorgen, dass Feindseligkeiten gegenüber jüdischen Menschen in Deutschland durch Migrationsbewegungen zunehmen könnten. Im *Deutschlandfunk* sagte Fuhl am 11. April 2016: »Wir haben hier tatsächlich ein Problem eines importierten Antisemitismus. Und das wird sich natürlich mit dieser Flüchtlingswelle weiter verschärfen.«

Es stellt sich die Frage, ob sich nicht auch der »klassische« deutsche Antisemitismus weiter verschärft, indem die antiislamische Szene ihm durch persönliche und weltanschauliche Kontakte zur extremen Rechten zu neuerlichem Einfluss verhilft. Trotz zahlreicher proisraelischer und projüdischer Positionierungen birgt die antiislamische Szene ein nicht unerhebliches antisemitisches Potential.

DER FEIND MEINES FEINDES
– Rechts, links, Islam

Nationales Kalkül

Im politischen Taktieren versteht sich Jürgen Gansel. Er saß ab 2004 zehn Jahre lang für die NPD im sächsischen Landtag und vertraut für die politische Feinjustierung der Meinungsforschung. Mit Blick auf die Studie »Deutsche Zustände« erklärte der Historiker seinen Kameraden im Oktober 2010, dass »drei Viertel der Deutschen islamkritisch bis islamfeindlich eingestellt« seien: »Der Moslem und die Muslima als solche – mit ihrer fremden Herkunft, ihrem Aussehen, ihren Sitten und ihrer Religiosität – lösen bei den allermeisten Deutschen Unbehagen, Angst und Abwehr aus.«

Das will Gansel für seine Partei nutzbar machen: »Um die Forderung nach Ausländerrückführung zu popularisieren, sollte in Wahlkämpfen genau die Ausländergruppe in den Fokus gerückt werden, die sich die meisten Inländer außer Landes wünschen. Die NPD ist also wahltaktisch gut beraten, die Ausländerfrage auf die Moslemfrage zuzuspitzen.«

Für Gansel und die NPD ist die Islampolitik also offensichtlich eine Umformulierung ihrer Positionen gegenüber allen Menschen, die sie sich »außer Landes wünschen«. Entsprechend werden muslimische Menschen in dem Zitat als »fremd« an »Herkunft«, »Aussehen«, »Sitten« und »Religion« definiert. Die Partei entdeckte das Thema Islam allerdings erst für sich, als andere Gruppierungen mit antiislamischen Kampagnen bereits politische Erfolge verbucht hatten. Insbesondere sind hier die Wahlerfolge der *Pro-Bewegung* ab

2004 und das 2009 erlassene Bauverbot für Minarette in Teilen der Schweiz zu nennen.

Die innenpolitische Stimmungsmache der NPD gegen Islam und Muslime geht jedoch nicht zwangsläufig mit einer antiislamischen Außenpolitik einher. Gansel erklärte seinen Mitstreitern vielmehr, dass der »Kampf gegen die Islamisierung Deutschlands« keinesfalls ausschließe, den Islam dort zu achten, »wo er historisch beheimatet ist und die Lebensordnung der Menschen prägt«. Die islamische Welt müsse »als letztes Bollwerk gegen die Durchkapitalisierung und Durchamerikanisierung der Welt« gewürdigt werden.

Eine solche pro-islamische bzw. pro-islamistische Positionierung ist in der extremen Rechten nicht unüblich. So solidarisierten sich Neo-Nazis nach den Anschlägen vom 11. September 2001 mit islamistischen Bewegungen und bekundeten Sympathien für den damaligen iranischen Präsidenten Mahmud Ahmadinedschad. Sie erkennen in islamistischen Bewegungen potentielle Verbündete gegen die USA und Israel.

Schon in den 1930er- und 1940er-Jahren hatten sich führende Nationalsozialisten positiv über den Islam geäußert und versucht, im Nahen Osten strategische Bündnispartner zu gewinnen. Adolf Hitler soll Bedauern darüber geäußert haben – so wird er von seinem Vertrauten Albert Speer zitiert –, dass die Germanen im Mittelalter nicht von den vordringenden Arabern islamisiert worden waren. Der Islam sei »den Germanen wie auf den Leib geschrieben«, denn er bedeute, »den Glauben mit dem Schwert zu verbreiten und alle Völker diesem Glauben zu unterjochen«. Weil die Araber den Germanen in den Augen Hitlers »rassisch unterlegen« sind, hätten schließlich »die mohammedanisierten Germanen an der Spitze dieses islamischen Weltreiches gestanden«. Solche Aussagen nutzen einige Islamgegner heute, um den Islam in die Nähe des Nationalsozialismus zu rücken.

Jeder Kultur ihren Raum
Die zeitgenössische extreme Rechte lehnt also zumeist nicht den Islam an sich ab, wie es in der antiislamischen Szene der Fall ist, sondern vor allem die Anwesenheit muslimischer Menschen in Deutschland. Diesem Denken liegt ein ethnopluralistisches Weltbild zugrunde, das sich seit den 1970er Jahren unter Rechtsextremen und in der sogenannten Neuen Rechten verbreitet hat. Die Neue Rechte kam als nationenübergreifende Bewegung in den 1960er-Jahren auf. Sie grenzt sich von der »alten« nationalsozialistischen Rechten ab und will deren Ideologie erneuern, zentrale Elemente jedoch beibehalten. Wesentlich ist hierfür das Konzept des Ethnopluralismus, das insbesondere auf die neurechten Vordenker Henning Eichberg und Alain de Benoist zurückgeht. Im Ethnopluralismus wird jedem »Volk« bzw. jeder »Kultur« ein »angestammtes Territorium« zugewiesen, in dem die Zugehörigen der jeweiligen Gruppe leben sollen. »Vermischungen« sind unerwünscht und gelten als schädlich.

Muslime sollen sich demnach nicht in Europa aufhalten, im Nahen Osten ist ihre Anwesenheit aber legitim. Jüdinnen und Juden, als »Zigeuner« markierten Personen und teilweise auch US-Amerikanern wird im Ethnopluralismus zumeist kein Territorium zugestanden. Diese Menschen würden sich dementsprechend unrechtmäßig in ihren Gebieten aufhalten – und ein »Volk« ohne historisch angestammten Raum hat im

Ethnopluralismus keine Daseinsberechtigung. So werden Antisemitismus, Antiziganismus und Antiamerikanismus in den Ethnopluralismus integriert.

Hier liegt ein wesentlicher Unterschied zwischen den politischen Ansichten der extremen Rechten und der antiislamischen Szene. Rechtsextreme geben sich außenpolitisch zumeist proislamisch, antiamerikanisch und antiisraelisch. Die antiislamische Szene hingegen positioniert sich innen- wie außenpolitisch antiislamisch, proamerikanisch und proisraelisch, also der extremen Rechten entgegengesetzt. Das kritisiert NPD-Politiker Jürgen Gansel als »allzu simple Logik«, in der man sich den Feind seines Feindes zum Freund nehme: »[D]er Jude ist nicht plötzlich mein Freund, weil ich innenpolitisch gegen Moslems bin.«

Aufgrund dieser unterschiedlichen Positionen distanzieren sich Vertreter der antiislamischen Szene und der extremen Rechten voneinander. Auf *Altermedia*, dem bis zu seinem Verbot im Januar 2016 größten Internetportal der extremen Rechten in Deutschland, wurden die Verantwortlichen der Website PI abwertend als »Judentruppe« bezeichnet.

Exemplarisch für die Kritik der Neuen Rechten an der antiislamischen Szene steht ein Artikel, den der österreichische Publizist Martin Lichtmesz am 9. Oktober 2012 auf der Internetseite *Sezession im Netz* veröffentlichte. Darin geht er mit dem antiislamischen Aktivisten Michael Stürzenberger und dessen Ansichten hart ins Gericht. Lichtmesz wirft Stürzenberger vor, die von Koran und Islam vermeintlich ausgehende Gefahr viel zu groß einzuschätzen: »Er hat sich mit Leidenschaft auf ein Spezialgebiet eingeschossen, das er in einer zum Teil grell verzerrten Weise präsentiert

[...]. Eine Teilwahrheit wird hier mit lautem Getöse zum Horrorpopanz aufgeblasen, der den Blick auf eine Lageanalyse eher verstellt als freimacht. [...] Ein böses Buch ist an allem schuld!«

Der einflussreiche neurechte Autor Lichtmesz hingegen macht nicht Islam und Muslime für die diversen Probleme verantwortlich, die aus seiner Sicht in Deutschland bestehen. »Wäre keine einzige Moslemsocke in Deutschland, es würde sich ebenso rasant abschaffen, wie es jetzt schon der Fall ist«, schreibt Lichtmesz. Er sieht die Gründe für den angeblich drohenden »demografischen Tod«, die »Zerstörung von Ehe und Familie« und den Verlust von »nationaler Souveränität« stattdessen in der »Amerikanisierung« Deutschlands, Europas und der Welt. Lichtmesz und die Neue Rechte haben in den USA und dem von ihnen vermeintlich globalisierten Liberalismus die grundlegenden Probleme der Menschheit ausgemacht. Das ist ein deutlicher Unterschied zu proamerikanischen Islamgegnern wie Stürzenberger, der seinem Kritiker Lichtmesz vorwarf, er habe sich in seinem »anti-amerikanischen Weltbild« verrannt und würde den Islam verharmlosen.

Gesamtrechte Bewegung?

Zwischen der ethnopluralistischen und der antiislamischen Rechten kann also eine deutliche Trennlinie gezogen werden. Zumindest galt das bis zum Aufkommen von AfD und *Pegida*, denn die beiden Bewegungen sind geneigt, diverse rechte Strömungen zu vereinen. Islamfeinde, Rechtskonservative, christliche Rechte, Rechtspopulisten, Neue Rechte, Rechtsextreme usw.: Sie alle wirken auf die ein oder andere Weise bei *Pegida* und der AfD mit.

Nicht nur personell bestehen Überschneidungen, sondern Vertreter der AfD führen Ethnopluralismus und Islamfeindlichkeit auch argumentativ zusammen. Der Islamwissenschaftler und AfD-Abgeordnete im Landtag von Sachsen-Anhalt, Hans-Thomas Tillschneider, erklärte bei *Pegida* in Dresden am 9. Mai 2016: »Der Islam hat eine Heimat. Und dort, in seinem angestammten Gebiet, darf er so sein, wie er will. Wir wollen nur nicht, dass er sich hier bei uns, in unserer Heimat, wo er fremd ist, breitmacht.« Das ist eine ethnopluralistische Argumentation, in der »Kulturen« angestammte Gebiete zugewiesen und »Vermischungen« als Gefahr eingestuft werden. Tillschneider wisse »aufwändige Moscheearchitektur durchaus zu schätzen. In Kairo, Damaskus oder Tunis, aber bitte nicht in Dresden, Leipzig oder Köln.«

Auch Björn Höcke, AfD-Chef in Thüringen, verbreitete am 18. Mai 2016 bei einer Kundgebung in Erfurt, dass der Islam eine Heimat habe, diese Heimat aber nicht Erfurt und nicht Deutschland heiße. Höcke, der vor seiner Politikkarriere als Geschichtslehrer gearbeitet hat, bedient sich zudem teilweise eines Vokabulars, das der Rhetorik der Nationalsozialisten ähnelt. So rief er bei einer Kundgebung in Erfurt im Oktober 2015 »1.000 Jahre Deutschland«. Bei einer Veranstaltung des neurechten *Instituts für Staatspolitik* sprach Höcke davon, dass Afrika und Europa unterschiedliche »Reproduktionsstrategien« hätten. In Afrika verortete er einen »Ausbreitungstyp«, was sehr an NS-Rassentheorien erinnert.

AfD-Chefin Frauke Petry sprach sich in der *Welt am Sonntag* vom 11. September 2016 dafür aus, den Begriff »völkisch« wieder positiv zu besetzen. Einige

Vertreter der AfD verwenden zudem die Begriffe »Volksgemeinschaft« und »Altparteien«, die zentrale Bestandteile der Ideologie der Nationalsozialisten gewesen sind. Verschiedene Kräfte in der AfD arbeiten also offenbar darauf hin, eine gesamtrechte Bewegung zu begründen und das Spektrum vom rechten Flügel der Union bis zum Neo-Nazi-Milieu unter antiislamischen Vorzeichen ideologisch zu vereinen.

Die *Identitäre Bewegung*, die bei *Pegida*-Demonstrationen sehr präsent ist, verbreitet ebenfalls ein ethnopluralistisches Weltbild. Man wolle Deutschlands »ethnokulturelle Identität« und die »Vielfalt der Völker und Kulturen in einer multipolaren Welt« erhalten, erklärte mir ein Aktivist. Deutlich wird der Ethnopluralismus auch bei der *Identitären*-Aktivistin Melanie Dittmer, die *Pegida*-Ableger in Nordrhein-Westfalen mitorganisierte und als junge Frau bei der NPD aktiv gewesen ist. In einem Interview mit *Spiegel-TV* aus dem Jahr 1996 gibt die damals 18-Jährige an, dass sie »Volksschädlinge« gerne in »Arbeitslager« sperren oder »an die Wand stellen« möchte.

Heute verwendet Dittmer andere Begriffe. Geflüchtete gehören für sie »nicht in die Gemeinschaft, weil man da hineingeboren wird, hineinwächst und erzogen wird«, sagte Dittmer im Dezember 2015 in einem Interview mit *DRadio-Wissen*. Nail Al Saidi, einen Reporter des Radiosenders, dessen Eltern aus dem Irak stammen, bezeichnet Dittmer als »Passdeutschen«. Er sei in Deutschland geboren und aufgewachsen, entgegnet Al Saidi und will wissen, was ihn und Dittmer unterscheide. »Das Blut«, lautet ihre Antwort: »Ich gehöre nicht zu den Menschen, die sagen, alle Menschen sind gleich. Denn es ist genauso in der Tierwelt, es gibt verschiedene Menschenarten.« Das ist nationalsozialistische Rassentheorie, lediglich leicht umformuliert.

Nackter Dschihad
Teilweise finden sich Elemente des antiislamischen Weltbildes, wie es viele Rechte pflegen, auch in der Linken. Sechs junge Frauen tragen Schuhe, Jeans und Blumenkränze im Haar, sonst nichts. Auf ihre nackten Oberkörper haben sie Parolen geschrieben: »Fuck your morals«, »naked freedom« oder »fuck islamism«. Für ihre Aktion haben sich die *Femen*-Aktivistinnen am 4. April 2013 eine symbolträchtige Kulisse ausgesucht. Vor Deutschlands ältester Moschee in Berlin-Wilmersdorf halten sie Plakate und Mittelfinger in den Himmel.

Die Aktion nennt *Femen* »Oben-Ohne-Dschihad«. Sie ist professionell organisiert: Die Presse wurde vorab eingeladen, die Fotos sind perfekt inszeniert und in mehreren anderen Staaten gibt es am selben Tag ähnliche Proteste. Viele westliche Feministinnen wie *Femen* kritisieren den Islam bzw. viele seiner Strömungen als patriarchal. Die weibliche Verschleierung wird von ihnen zumeist als Symbol der Unterdrückung interpretiert.

Viele muslimische Frauen hingegen reagierten ablehnend auf die *Femen*-Aktionen. Sie fühlten sich dadurch laut eigener Darstellung bevormundet. Vor der Wilmersdorfer Moschee wurde eine Gegenaktion organisiert. Betül Ulusoy, eine der Initiatorinnen, erklärte in der *Berliner Zeitung*: »Wir setzen uns dafür ein, dass jeder so leben darf, wie er will, nicht so, wie andere es gerne haben möchten. Dazu gehört auch, dass sich eine Frau selbst aussuchen darf, ob sie einen Minirock trägt, eine Krawatte oder eben auch ein Kopftuch.«

Auch im Internet formulierten Musliminnen teils heftige Kritik an *Femen*. Eine Frau schrieb bei *Twitter*: »Muslim women reject the efforts of racist, Islamophobic Imperialists like Femen.« Die *Femen*-Kritik an patriarchalen Strukturen im Islam wird von vielen muslimischen Frauen offenbar als westlicher Neokolonialismus empfunden, der Muslimen Werte und Gesellschaftsstrukturen vorschreiben will.

Auf ähnliche Weise kritisiert der linke Soziologe Achim Bühl die Islamkritik Alice Schwarzers. Ihr »islamfeindlicher Feminismus« stehe »in der Tradition eines kolonialen Feminismus, insofern die Setzung universell gültiger Normen und Werte nicht zu einem Dialog gleichberechtigter Partner führt, sondern zu einer kolonialen Dominanz im Namen der Aufklärung«, schrieb Bühl am 25. September 2010 in der Zeitung *Neues Deutschland*. Mit anderen Worten: Feministinnen kritisieren, dass muslimische Frauen unterdrückt würden, wollen ihnen aber gleichermaßen ihre Werte aufzwingen.

Islamfeindlichkeit von links

Dass sich Feministinnen und Linke gegen Islamismus engagieren, ist keine Seltenheit. Manche schrecken dabei auch vor pauschalen Abwertungen von Islam und Muslimen nicht zurück, wie der Theaterwissenschaftler Thomas Maul. Er nimmt in seinen Schriften zum Islam eine emanzipatorische Haltung ein und schreibt die Religion zugleich auf eine fundamentalistische Auslegung fest, in der er den »wahren Islam« zu erkennen meint. Entsprechend hält Maul die Unterscheidung von Islam und Islamismus für nicht angemessen: »Islamismus, Fundamentalismus, archaischer Tribalismus – das sind die Schlagworte, mit denen die herrschende Meinung dem globalen Djihad der Muslime gegen Frauen und Homosexuelle, gegen Juden und den Westen beizukommen sucht, um gegen jede Evidenz am Trugbild einer eigentlich friedlichen Religion mit menschlichem Antlitz festzuhalten, die mit den Verbrechen, die unzweifelhaft in ihrem Namen begangen werden, nichts zu tun haben soll«, schreibt Maul in seinem Buch »Sex, Djihad und Despotie« (2010).

Maul zeichnet ein einseitiges Bild von Islam und Muslimen. Bekennende muslimische Menschen beschreibt er als aggressiv, gewaltbereit und irrational, den Islam als ökonomisch und kulturell bankrott. Er kommt so zu dem Ergebnis, dass »jedes Verständnis für den Islam – wird es nur konsequent zu Ende gedacht – in eine Preisgabe der Zivilisation, mithin des Individuums und seines Anspruchs auf Glück« münde. Mit diesen Positionen bewegt sich Maul nah an den Ansichten der antiislamischen Szene. Entsprechend wurden seine Werke auf PI wohlwollend rezensiert.

Das trifft auch auf den marxistisch geprägten Erziehungswissenschaftler Hartmut Krauss zu. In seinem am 29. August 2014 auf *hintergrund-verlag.de* erschienenen Artikel »Islam in ›Reinkultur‹« analysiert er die »Antriebs- und Legitimationsgrundlage des ›Islamischen Staates‹ [IS] und seiner antizivilisatorischen Schreckensherrschaft«. Krauss präsentiert die gewaltsame Unterwerfung aller Nicht-Muslime als unabdingbare Eigenschaft des Islams. Die »barbarischen und abscheulichen Taten des IS« seien »eine logische Konsequenz und strikte Umsetzung des im Islam angelegten Anweisungssystems.«

Den Muslimen weltweit und insbesondere den islamischen Verbänden im Westen wirft Krauss vor, trotz anderslautender Bekundungen die gleichen Ziele zu verfolgen wie dschihadistische Gruppen. Krauss behauptet, Dschihadisten und Islamvertreter im Westen würden als unterschiedliche »Funktionsabteilungen« des Islams gemeinsam an der Islamisierung der Welt arbeiten. Die »islamische Herrschaftskultur« sei arbeitsteilig organisiert: Einige »Funktionsträger« hätten die Aufgabe, »Schneisen der politisch-weltanschaulichen, rechtlichen und kulturellen Akzeptanz und ›Anerkennung‹ in die nichtmuslimische Aufnahmegesellschaft zu fräsen, während andere Funktionsabteilungen gleichzeitig anderswo gerade Köpfe abschneiden und Ungläubige massakrieren«.

So werden in Krauss' Darstellungen ausnahmslos alle Muslime zu einer potentiellen Gefahr, wie es auch von der antiislamischen Szene propagiert wird. Die Islamfeindlichkeit zieht sich quer durch die politischen Milieus.

Man könnte vermuten, dass die antiislamische Bewegung an ihren inneren Widersprüchen zwangsläufig zerbrechen muss. Sie verbindet u. a. Antisemitismus und Solidarität mit Israel, Antifaschismus und NS-Ideologie. Vielleicht liegt in dieser Widersprüchlichkeit aber auch ein Potential der Bewegung, weil sich viele verschiedene Menschen darin wiederfinden. Was sie eint, ist ihre Opposition gegen den vermeintlichen politischen Mainstream und alles Islamische.

VON WASHINGTON BIS WERTHEIM
– Die transatlantische Allianz

Festung Europa

Tatjana Festerling posiert in einem Militäranzug mit Flecktarnmusterung. Um sie eine Gruppe Männer, die sich mit Sturmhauben vermummt haben. Fotos dieser Aktion postet Festerling Ende Juni 2016 bei *Facebook*. Die Aufnahmen sind laut ihren Angaben in Bulgarien entstanden, nahe der türkischen Grenze. Die ehemalige Aktivistin von AfD und *Pegida* hat sich eine weitere Aufgabe gesucht: Sie unterstützt bulgarische Nationalisten, die im Grenzgebiet Flüchtlinge festnehmen wollen.

Festerling nennt die Männer »freiwillige, unbewaffnete und vollkommen legale Helfer und Unterstützer der bulgarischen Grenzpolizei«. Sie ruft die »Männer Europas, möglichst Veteranen aus Militär und Polizei« dazu auf, sich der Miliz anzuschließen und Flüchtlinge, die sie »Invasoren auf ihrem Raub- und Rape-Feldzug im Namen des Islam« nennt, zu stoppen. Hier, an der Grenze zur Türkei, werde die »Festung Europa« in die Tat umgesetzt.

Bereits einige Wochen zuvor war Festerling im Namen der »Festung Europa« unterwegs. In Dresden erklärte die Aktivistin knapp 3.000 Zuhörenden bei einer Kundgebung, dass Europa »durch eine globale Völkerwanderung« bedroht werde. »Festung Europa, macht die Grenzen dicht«, skandierte die Menge. *Festung Europa* bzw. *Fortress Europe*, das ist der Name des internationalen Bündnisses, das am 16. Mai 2016 in Dresden auftrat. Neben Festerling sprachen u. a. Aktivisten aus Polen, Dänemark und Australien.

Auch *Pegida* selbst ist international aktiv: In anderen Staaten wurde unter dem Dresdner Label demonstriert, Aktivisten wie Bachmann und Stürzenberger sprachen im Ausland und Redner aus Frankreich, der Schweiz oder den Niederlanden traten in Deutschland auf. In der »Prager Erklärung«, die Aktivisten von *Pegida* und aus vielen anderen europäischen Staaten am 25. Januar 2016 bei einem Treffen in der tschechischen Hauptstadt unterzeichneten, heißt es, dass man »Europa nicht unseren Feinden überlassen« werde und bereit sei, dafür das eigene Leben zu riskieren.

Die antiislamische Szene agiert international. Aktivisten aus ganz Europa und den USA tauschen sich nicht nur über das Internet aus, sondern treffen sich zu gemeinsamen Veranstaltungen, wie dem »Anti-Islamisierungskongress« 2009 in Köln. Organisiert wurde er von der Vereinigung *Städte gegen Islamisierung*, an der Vertreter diverser europäischer Parteien beteiligt waren: die deutsche *Pro-Bewegung*, *Vlaams Belang* aus Belgien, die *Freiheitliche Partei Österreichs*, die *Partij voor de Vrijheid* aus den Niederlanden, die *Lega Nord* aus Italien und der französische *Front National*. Hinzu kamen später die *Schweizerische Volkspartei*, *Die Freiheit* aus Deutschland und die *British Freedom Party*.

Eine zentrale Rolle bei der internationalen Vernetzung antiislamischer Gruppierungen spielt der niederländische Politiker Geert Wilders. Er ist der deutschen Szene ein willkommener Gastredner, so im April 2015 bei *Pegida* in Dresden. Er nahm auch an antiislamischen Veranstaltungen in den USA, Großbritannien und anderen Staaten teil. Wilders wurde von der *Bürgerbewegung Pax Europa* als zweiter Preisträger nach PI-Gründer Stefan Herre mit dem »Hiltrud

Schröter-Freiheitspreis« ausgezeichnet, »wegen seiner Verdienste um die Bewahrung der jüdisch-christlichen Werte und dem Kampf gegen die Islamisierung Europas«, wie die *Bürgerbewegung* erklärte.

Wilders ist seit 1998 Parlamentsabgeordneter in den Niederlanden. Er fordert mit seiner *Partij voor de Vrijheid* ein Verbot des Korans und von Moscheebauten sowie einen Einreisestopp für Muslime. Immer wieder vergleicht er Islam und Nationalsozialismus: »Der Kern des Problems ist der faschistische Islam, die kranke Ideologie von Allah und Mohammed, wie sie in dem islamistischen ›Mein Kampf‹ [gemeint ist der Koran] niedergelegt ist.« So zitierte *spiegel.de* Wilders bereits am 8. August 2007. An seiner Programmatik hat sich seitdem kaum etwas geändert.

Der Counterjihad
Ein Forum für die internationale Vernetzung antiislamischer Kräfte waren auch die transatlantischen »Counterjihad«-Treffen, die von 2007 bis 2012 in verschiedenen europäischen Städten wie Kopenhagen, Brüssel und Wien durchgeführt wurden. Aus Deutschland nahm u. a. Michael Stürzenberger mehrfach an diesen Treffen teil. In Stockholm, wo er auch als Redner auftrat, traf Stürzenberger im August 2012 laut eigener Darstellung bei PI auf »viele weitere mutige Mitstreiter aus England, Schweden, Norwegen, Finnland, Dänemark, Polen, Australien und Deutschland«.

Im März 2012 hatte Stürzenberger bei einem Counterjihad-Treffen im dänischen Aarhus ebenfalls eine Rede gehalten. Veranstaltet wurde die Kundgebung von *Defence Leagues* aus verschiedenen Ländern, auch die *German Defence League* war beteiligt. Sie nahm auch an Demonstrationen im englischen Luton und in Amsterdam teil. Siegfried Schmitz, Mitbegründer der *German Defence League*, erklärte in einem Interview auf PI, man würde sich »als Teil der europaweiten Bewegung gegen die Islamisierung« verstehen.

Die Bewegung endet allerdings nicht an der Atlantikküste, sondern unterhält auch Verbindungen in die USA. Die antiislamische Szene hat sich dort rund um die Organisation *Stop the Islamization of America* entwickelt, die 2010 von der Aktivistin Pamela Geller und dem Religionswissenschaftler Robert Spencer gegründet worden war. Auf ihre Einladung hin hielt René Stadtkewitz, damals Vorsitzender der Partei *Die Freiheit*, am zehnten Jahrestag von 9/11 eine Rede in New York. Umgekehrt kommen auch Islamgegner aus den USA nach Europa. Spencer trat bei Veranstaltungen der *Bürgerbewegung Pax Europa* und der *Freiheit* auf. Er und Geller beteiligten sich zudem an den europäischen Counterjihad-Treffen.

Das *Center for American Progress*, eine der demokratischen Partei nahestehende Denkfabrik, wirft Geller, Spencer und anderen in der Studie »Fear, Inc.« aus dem Jahr 2011 vor, zu einem »Islamophobie-Netzwerk« zu gehören, das systematisch und mit großem finanziellen Aufwand islamfeindliche Ansichten verbreite. Das Netzwerk würde »Mythen und Lügen« über Islam und US-Muslime popularisieren, um eine antiislamische Ausrichtung der Politik zu bewirken. So war von dem Historiker Daniel Pipes im US-Wahlkampf 2008 das sich hartnäckig haltende Gerücht in die Welt gesetzt worden, Barack Obama sei heimlich ein praktizierender Muslim. Auch von der deutschen Szene wird diese Behauptung regelmäßig wiederholt, verbunden mit dem Vorwurf, dass Obama die USA islamisieren und zerstören wolle.

Im neuen US-Präsidenten, Donald Trump, hat die antiislamische Szene in den USA ihr bislang lautstärkstes Sprachrohr gefunden. Der Kandidat der *Republikaner* forderte im Präsidentschaftswahlkampf 2016, keine Muslime mehr in die USA einreisen zu lassen. Barack Obama warf er vor, Gründer der Terrororganisation *Islamischer Staat* zu sein. Aus der antiislamischen Szene in Deutschland erhielt Trump dafür viele Sympathien.

Transnationale Agenda
Auch darüber hinaus werden deutsche Islamgegner von Aktivisten und Diskussionen aus dem Ausland beeinflusst. So hat eine biografisch-literarische Veröffentlichung das Islambild in Deutschland seit Ende der 1980er-Jahre wesentlich mitgeprägt: »Nicht ohne meine Tochter« von Betty Mahmoody, das 1987 auf Englisch und ein Jahr später in deutscher Sprache erschienen ist. Der Bestseller wurde 1991 verfilmt. Bis dahin war er allein in Deutschland rund drei Millionen Mal verkauft worden. Die US-Amerikanerin Mahmoody schildert in »Nicht ohne meine Tochter« ihre Flucht aus dem Iran vor ihrem aus Teheran stammenden Ehemann und dessen Familie. Sie zeichnet ein düsteres und abstoßendes Bild der meisten Menschen im Iran, wobei sie viele Missstände als im Islam begründet beschreibt.

In der antiislamischen Szene in Deutschland sind Buch und Film noch immer sehr populär. Sie werden regelmäßig als Referenzen angeführt, wenn von Beziehungen zwischen westlichen Frauen und muslimischen Männern die Rede ist. So schreibt Nutzer »Candide« auf PI zu einer Kindesentführung nach Tunesien: »Betty Mahmoody hat schon im Jahr 1990 in öffentlichen Vorträgen westliche Frauen davor gewarnt, Ehen mit Moslems einzugehen. Man könnte jetzt natürlich sagen: ›Wer nicht hören will, muss fühlen.‹, aber das Kind [kann] ja nun wirklich nichts dafür.«

Als weltweite antiislamische Vordenkerin fungiert die in Ägypten geborene und in der Schweiz lebende Britin Gisèle Littman, die sich bei Veröffentlichungen meist des Pseudonyms Bat Ye'or bedient, was im Hebräischen »Tochter des Nils« bedeutet. Besonders einflussreich war ihr 2005 veröffentlichtes »Eurabia«, in dem Littman behauptet, dass Europa sich freiwillig dem Islam unterwerfe und sich zu einer »civilisation of dhimmitude« entwickle. »Eurabien« ist in der deutschsprachigen Szene inzwischen ein vielgebrauchter Begriff.

Die italienische Journalistin Oriana Fallaci hat ebenfalls in die deutsche Szene hineingewirkt. Unter dem Eindruck der Anschläge vom 11. September 2001, die sie in New York erlebte, veröffentlichte Fallaci noch im selben Jahr ein wirkmächtiges Buch, das mit Islam und westlicher Politik abrechnet: »La Rabbia e L'Orgoglio«. Die deutsche Übersetzung »Die Wut und der Stolz« ist 2002 erschienen. Nach den Anschlägen habe sie Gedanken äußern müssen, die sich »über Jahre in meinem Herzen und Hirn vergraben« hätten. Fallacis Wut ist in jeder Zeile spürbar. Sie baut eine Dichotomie zwischen Westen und Islam auf und urteilt undifferenziert über die islamische Welt und muslimische Menschen. Die PI-Redaktion nennt die 2006 verstorbene Italienerin eine »Gigantin«.

Die Anklägerin
Eine der bekanntesten zeitgenössischen Islamkritikerinnen in Europa ist die Niederländerin Ayaan Hirsi Ali. Sie wurde 1969 in Somalia geboren und laut eigener Aussage als Muslimin erzogen. Den »islamischen Überlegenheitsanspruch« habe sie bereits in ihrer Familie kennengelernt. Als 22-Jährige erhielt Hirsi Ali »auf der Flucht vor einer Zwangsehe« in den Niederlanden Asyl. Dort betätigte sie sich als Politikerin und produzierte 2004 gemeinsam mit dem Filmemacher Theo van Gogh den islamkritischen Kurzfilm »Submission (Part I)«. Durch die Ermordung van Goghs im selben Jahr steigerte sich ihre Bekanntheit sprunghaft, zumal der Täter einen an Hirsi Ali gerichteten Drohbrief an der Leiche hinterlassen hatte.

Hirsi Alis Islambild ist nicht frei von Widersprüchen. In ihrem frühen Buch »Ich klage an« (2005) behauptet sie einerseits, dass Aggressivität, Hass und Terror direkt aus dem Islam kämen. Andererseits sei der Islam in der Theorie eine »wunderbare, tolerante Religion«, die allerdings vom »arabischen kulturellen Imperialismus« beherrscht werde. Demnach kämen die Probleme also nicht aus dem Islam, sondern aus der »arabischen Kultur«.

Hirsi Ali spricht von sich selbst als Muslimin und ist laut eigener Darstellung davon überzeugt, dass der Islam reformiert werden kann und muss. Im 2015 veröffentlichten »Reformiert Euch!« differenziert sie in verschiedene islamische Strömungen und ruft zur Unterstützung von reformorientierten Muslimen auf. Sie zeigt sich zuversichtlich, dass eine »islamische Reformation« gelingen kann.

Hirsi Alis Werk ist demnach nicht generell islamfeindlich, sondern als Kritik am islamischen Mainstream zu verstehen. In ihrem Buch »Adan und Eva« schreibt sie 2008: »[E]s ist nicht meine Absicht, Wasser auf die Mühlen der Islamophoben zu gießen, sondern im Gegenteil mit provozierenden Texten und Bildern Muslime dazu zu bringen, ihren eigenen Anteil an ihrer Rückständigkeit zu überdenken. Das Risiko, dass Islamophobe und Rassisten meine Arbeit zweckentfremden, hält mich davon nicht ab, den Islam zu kritisieren.«

Dennoch wird Hirsi Ali von den »Islamophoben« vereinnahmt: Unter deutschen Islamgegnern ist sie sehr populär, wird immer wieder zitiert und als antiislamische Autorität bemüht.

RETTER DES ABENDLANDES
– Antiislamische Weltbilder

Der Aussteiger
Ein Koran, ein Laptop, eine Mission: Als Internetaktivist kann Jens von Wichtingen Europa auch von Südafrika aus verteidigen. Artikel um Artikel, Kommentar um Kommentar veröffentlicht er auf *politically incorrect*. Doch irgendwann kommen ihm Zweifel, und schließlich steigt er aus. Er tippt noch einen letzten Beitrag, der am 5. November 2007 allerdings nicht auf der antiislamischen Website, sondern dem Blog des szenekritischen Journalisten Ramon Schack veröffentlicht wird. »Man vergleicht PI jetzt mit einer Sekte«, schreibt von Wichtingen in seinem Aussteigerbericht. Eine Sekte – so weit würde er nicht gehen, sagt von Wichtingen, denn jeder könne dem Netzwerk »ohne große Probleme den Rücken kehren.« Aber PI habe »zumindest sektenähnlichen Charakter. Man lebt in einer eigenen Welt. Gut und Böse, Schwarz und Weiß. Man nimmt Nachrichten vollkommen anders auf, man fühlt sich im Besitz der Wahrheit«.

Der Renegat beschreibt, was auch andere Beobachter der Szene feststellen können. Die Aktivisten nehmen die Welt als in zwei Lager gespalten wahr. In ihrem Freund-Feind-Denken stehen sich »Islamkritiker« und »Islamophile« unversöhnlich gegenüber, Abstufungen existieren nicht. Zugleich begründet von Wichtingen, warum die Aktivisten aus diesem dualistischen Weltbild heraus folgerichtig handeln und warum Kritik von außen offenbar kaum Veränderungen innerhalb der Szene bewirken kann: »Ich war wie benebelt, wie im Rausch. Ich habe mich ausschließlich auf den einschlägigen Websites über die Horrormeldungen zum islamischen Jihad informiert. Ein extrem einseitiges Weltbild war die Folge. Und – jetzt bitte ich um Verständnis – aus dieser Sicht heraus, musste ich schreiben. Ich war davon überzeugt, aufrütteln zu müssen. Kann man dies nachvollziehen? Und genau dies ist es, was die anderen Autoren von PI antreibt. Dies sind keine schlechten Menschen. Aber sie fühlen sich berufen, zu schreiben, aufzurütteln.«

Diese Aussagen eines ehemaligen PI-Autors sind offenbar authentisch. Die Redaktion der Website zweifelte sie nicht an, sondern nannte von Wichtingens Stellungnahme eine »öffentliche Selbstdemütigung«. Darüber hinaus wurde in der Szene spekuliert, Drohungen hätten den Autor zum Ausstieg getrieben. Er wurde als »Feigling« bezeichnet, der »umgekippt« sei.

Der Ausstieg eines anderen wird so zum Beleg der eigenen Standhaftigkeit, die notwendig ist, weil die gesellschaftlichen Eliten in den Augen der Aktivisten versuchen, die Islamkritik zu unterdrücken. Sie selbst sehen sich als mutige und selbstlose Kämpfer gegen die vermeintliche Islamisierung, die große persönliche Entbehrungen und Gefahren auf sich nehmen.

Bedrohungslagen

Rolf P. berichtete mir von einem islamkritischen Unternehmer, dem Kunden abhandengekommen seien, weil diese von Antifa-Aktivisten angesprochen worden waren: »Das ging kurz davor, dass das Unternehmen, es ist jetzt ein kleines Unternehmen mit zehn Angestellten, kurz vor der Existenzaufgabe war.« Klaus W. erzählte von islamkritischen Beamten, die von ihren

Vorgesetzten »gemobbt« werden. Einem katholischen Pfarrer sei die Strafversetzung angedroht worden: »Der musste zu seinem Bischof und der hat dem wohl gesagt, an der holländischen Grenze sei noch so ein 20-Seelen-Dorf, das würde er in Zukunft dann als Gemeinde haben, wenn er nicht aufhört mit seiner Islamkritik.«

Neben negativen beruflichen Auswirkungen berichten Aktivisten auch von Verwerfungen im Freundes- und Bekanntenkreis. Susanne B. führte die ablehnenden Reaktionen in ihrem Umfeld darauf zurück, dass sie in einer süddeutschen Kleinstadt lebt, wo die Menschen die vom Islam vermeintlich ausgehenden Gefahren nicht erkennen würden: »Hier ist die Welt noch sehr in Ordnung und ich muss sagen, die Leute verstehen mich nicht.«

Neben diesem Unverständnis sind Islamgegner auch Anfeindungen ausgesetzt. Im Internet lassen sich zahlreiche offene und anonyme Drohungen gegen Aktivisten finden. Nach eigenen Angaben erhält PI-Gründer Stefan Herre regelmäßig entsprechende Schreiben. Auch gegen den Autor Udo Ulfkotte kursieren Mordaufrufe im Internet. Er berichtete am 4. Januar 2015 im *SR 2 Kulturradio*, dass er und seine Familie aufgrund der Gefährdungslage zweieinhalb Jahre unter Personenschutz gestanden hätten und er die polizeiliche Erlaubnis gehabt hätte, ständig eine geladene und entsicherte Schusswaffe bei sich zu tragen. Sein Wohnort sei jetzt nur noch »dem Pfarrer und dem Bürgermeister« bekannt. Auch der Autor Hamed Abdel-Samad wird in der Öffentlichkeit von Personenschützern begleitet.

Klaus W. erzählte mir ebenfalls von Drohungen gegen ihn, die er jedoch, so gut es ginge, ignoriere und nicht veröffentliche: »Ich kann keine neuen Mitstreiter gewinnen, wenn ich ihnen empfehlen muss, eine kugelsichere Weste zu tragen.« Häufig wird in diesem Zusammenhang auf den niederländischen Islamkritiker Theo van Gogh verwiesen, der im November 2004 in Amsterdam ermordet worden war. In Deutschland ist 2013 angeblich ein Attentat auf den Islamkritiker Zahid Khan gescheitert, wobei es sich laut der *Frankfurter Rundschau* um eine inszenierte Tat zur Steigerung der eigenen Bekanntheit gehandelt haben soll. In der antiislamischen Szene wurden die Vorgänge jedoch als versuchter Mordanschlag auf einen der ihren interpretiert. In Düsseldorf müssen sich zudem vier Männer aus der salafistischen Szene vor Gericht verantworten, weil sie 2013 geplant haben sollen, Markus Beisicht, den Vorsitzenden von *Pro NRW*, zu ermorden.

Auch AfD-Politiker sind mehrfach zum Ziel von Angriffen geworden. In Leipzig brannte ein Auto von Frauke Petry komplett aus. Beatrix von Storch und Jörg Meuthen wurden mit Torten beworfen, andere, weniger bekannte AfD-Mitglieder, sollen ebenfalls körperlich attackiert worden sein.

Die Drohungen, Angriffe und Attentate auf antiislamische Aktivisten in Deutschland und anderen Staaten zeigen, dass für öffentlich agierende Islamgegner durchaus Gefahren bestehen können. Auch deshalb versuchen offenbar viele von ihnen, ihre Identität geheim zu halten. Mina Ahadi, die selbst unter Personenschutz stand, sagte mir über den *Zentralrat der Ex-Muslime*: »Wir haben Sicherheitsprobleme, wir können uns nicht äußern und sehr viele Menschen haben Angst. Wir haben sehr viele Mitglieder, aber die sind alle anonym.«

Abendländischer Heorismus
Die islamkritischen Tätigkeiten können unter diesen Umständen als Belastung empfunden werden. Klaus W. sagte mir, dass er »die Schnauze voll« habe, weil er sich mit Islamkritik befassen müsse, anstatt sich angenehmeren Dingen zuwenden zu können: »Es kann doch nicht sein, dass ich mich im 21. Jahrhundert um solche ollen Kamellen wie Religionen kümmern muss.« Die Islamgegner bringen Opfer – so stellen sie sich zumindest dar, aber viele empfinden es sicherlich auch so. Das persönliche Befinden wird im Selbstbild der Szene den politischen Zielen untergeordnet, indem beispielsweise Stefan Herre 2007 bei *kath.net* erklärte, dass er sich trotz der möglichen Gefahren weiterhin islamkritisch engagieren wolle, »auch wenn ein hohes Risiko damit verbunden ist«. Islamkritik wird so als heroischer Akt inszeniert.

Das Selbst, das es dabei zu verteidigen gilt, wird nicht nur als »christlich-jüdisch« beschrieben, sondern um weitere geistige Traditionen erweitert. Susanne B. nennt Philosophie und Mathematik der Griechen sowie Recht und Ingenieurswesen der Römer. Hinzukomme der französische »Geist der Aufklärung«. Achim C. betont ebenfalls die Aufklärung als identitätsstiftendes Element der europäischen Geschichte. Den Islam definiert er als von der Aufklärung ausgeschlossenen Gegner selbiger. Die Religion der Muslime habe »in der Konfrontation mit der westlichen Aufklärung ihren geistig bisher schärfsten Gegner gefunden«.

Hier wird der aus westlichen Diskursen bekannte Morgenland-Abendland-Gegensatz sichtbar. Von der antiislamischen Szene werden westliche und islamische Geistesgeschichte als voneinander getrennt und grundverschieden dargestellt. Das ist historisch in dieser Deutlichkeit nicht haltbar, zumal es nachweislich diverse Beeinflussungen gegeben hat. Die Dichotomie Islam/Aufklärung blendet auch die zahlreichen modernen und zeitgenössischen islamischen Reformströmungen aus, die keinesfalls im Gegensatz zur europäischen Aufklärung stehen. Die Definition von Deutschland und Europa als christlich, christlich-jüdisch, abendländisch, aufklärerisch, zivilisiert oder ähnlichem ist deshalb nicht in erster Linie Ausdruck einer historischen Wahrheitssuche, sondern einer politischen und geistesgeschichtlichen Abgrenzung zu allem Islamischen. Der Ausschluss des Islams ist wesentlicher Bestandteil der Selbstbilder der antiislamischen Aktivisten.

Die dritte Welle
Ihre Islam-Abgrenzungen stellen die Islamgegner dabei häufig in eine vermeintliche Tradition der »europäischen« Abwehr »islamischer« Angriffe. Die Selbstbezeichnungen Kreuzritter und Reconquista habe ich bereits erwähnt. Auch historische Daten werden symbolisch zur Einordnung der eigenen Aktivitäten in die vermeintliche antiislamische Abwehrtradition verwendet: neben 1492, dem Abschlussjahr der Reconquista, vor allem 1529 und 1683. In diesen Jahren wurde das Osmanische Reich »vor Wien« von mehreren Heeren christlich-europäischer Staaten in seiner militärischen Expansion in Richtung Mitteleuropa gestoppt und zum Rückzug gezwungen.

Durch die Bezugnahme auf historische Ereignisse behaupten die Aktivisten, dass die damaligen »islamischen« Eroberungsversuche des europäischen Kontinents nach wie vor anhielten. Allerdings mit anderen

Mitteln: Die Migration muslimischer Menschen nach Europa wird mit militärischen Feldzügen gleichgesetzt. Auf PI ist in Zusammenhang mit Migrations- und Fluchtbewegungen nach Deutschland und Europa von »Islam-Invasion«, »Auswanderungsdschihad« und ähnlichem zu lesen. Die Aktivistin Tatjana Festerling bezeichnete flüchtende Muslime bei *Facebook* als »eiskalt berechnende Krieger des Islam«. Bei einer Demonstration am 3. Oktober 2016 in Dresden nannte sie den Islam eine »Massenvernichtungswaffe«. Siegfried Däbritz sagte am 14. September 2015 als *Pegida*-Redner in Dresden: »Vorgestern vor 332 Jahren endete die Zweite Wiener Türkenbelagerung mit der Niederlage der Invasoren. Jetzt sind sie schon längst in Wien und weit darüber hinaus.«

Akademisch wird eine ähnliche Position von dem britisch-amerikanischen Historiker Bernard Lewis vertreten, der 2007 die These der »dritten muslimischen Angriffswelle« aufstellte: Nach Arabern im heutigen Spanien und dem Osmanischen Reich im heutigen Südosteuropa werde derzeit zum dritten Mal versucht, Europa zu islamisieren. Dies geschehe durch »Terror und Migration«.

Europa gegen EU

Auffällig an den Selbstbildern der antiislamischen Szene ist der positive Bezug auf Europa, der scheinbar im Widerspruch zur Kritik an der *Europäischen Union* steht, die immer wieder von Aktivistinnen und Aktivisten geäußert wird. PI-Regionalgruppenleiter Mehdi A. beschrieb die EU mir gegenüber als »zentralistische Behörde«, die ihre demokratische Legitimation mehr und mehr verliere und das Grundgesetz der Bundesrepublik aushöhle.

Zwar nutzen Aktivisten das Konstrukt Europa als Gegenentwurf zum Islam, lehnen jedoch den europäischen Einigungsprozess in Form von EU und Euro ab. Sie proklamieren eine gemeinsame europäische Identität, formulieren aber zugleich den Wunsch nach einer Stärkung der Nationalstaaten – wie es rechtspopulistische und teils auch konservative Parteien in vielen Mitgliedsstaaten der EU ebenfalls fordern. Ein Ergebnis davon ist der Volksentscheid vom Juni 2016 für den Austritt Großbritanniens aus der EU, der »Brexit«. Den Austritt aus dem Euro streben in Deutschland die AfD, *Die Republikaner* und die *Pro-Bewegung* an. Die rechten Parteien wollen die *Europäische Union* grundlegend reformieren oder ebenfalls verlassen.

Selbstbilder im Wandel
Die beschriebenen Selbst- und Fremdbilder der antiislamischen Szene sind allerdings nicht in Stein gemeißelt, sondern teils erheblichen Erschütterungen und Umwälzungen unterworfen. So haben die Veröffentlichung von Thilo Sarrazins »Deutschland schafft sich ab« im Spätsommer 2010 und die begleitende gesellschaftliche Debatte dazu geführt, dass Islamgegner sich bestätigt fühlten und Erfolge für ihre Anliegen erhofften. Der Münchner Aktivist Eckhardt Kiwitt schrieb auf PI, dass Islamkritik jetzt »salonfähig« sei und rief seine Mitstreiter dazu auf, zukünftig unter ihren Klarnamen öffentlich aktiv zu werden, was er auch selbst umsetzen wolle. Siegfried Schmitz von der *German Defence League* erklärte auf PI ganz ähnlich: »Wir haben Sarrazin zu verdanken, dass er das Problem an die breite Öffentlichkeit getragen und damit populär gemacht hat. Dadurch haben

viele Leute erst angefangen, sich mit dem Thema zu beschäftigen.«

Doch wie das Selbstbewusstsein der Szene durch die Sarrazin-Debatte gestärkt wurde, so wurde es durch die Breivik-Attentate und die folgenden Diskussionen erschüttert. Am 22. Juli 2011 ermordete der damals 32 Jahre alte Norweger Anders Behring Breivik in Oslo und auf der nahegelegenen Insel Utøya 77 Menschen. Der Großteil davon waren Jugendliche, die an einem Sommerlager der sozialdemokratischen *Arbeiderpartiet* teilnahmen. Der Täter wurde verhaftet und zu 21 Jahren Gefängnis mit anschließender Sicherheitsverwahrung verurteilt.

Vor seiner Tat hatte er ein rund 1.500 Seiten umfassendes englischsprachiges Dokument mit dem Titel »2083. A European Declaration of Independence« per E-Mail an über 1.000 Personen verschickt. Es handelt sich dabei größtenteils um eine Zusammenstellung von Texten antiislamischer Autorinnen und Autoren, die Breivik auch als seine Einflüsse angibt. Darunter sind der norwegische Blogger Fjordman, der niederländische Politiker Geert Wilders und der deutsche Publizist Henryk M. Broder. Außerdem schildert Breivik in der Schrift die Vorbereitung seiner Tat und begründet sie. Er habe auf die Islamisierung Norwegens durch die Sozialdemokraten aufmerksam machen wollen, um selbige zu verhindern. Die Hauptursache für die vermeintliche Islamisierung Norwegens und Europas sieht Breivik also nicht auf muslimischer Seite, sondern im »Kulturmarxismus«, der die europäische Politik dominiere. Entsprechend wollte er mit den Attentaten laut eigener Aussage vor allem die Arbeiterpartei treffen, die den »Kulturmarxismus« verbreite.

Breiviks Bezug auf prominente antiislamische Vordenker sowie seine Argumentation, die dem Szenediskurs ähnelt, lösten unter Islamgegnern einen selbstkritischen Prozess aus. Bereits am Tag nach den Anschlägen wurde auf PI ein Artikel veröffentlicht, in dem zu lesen war: »Was er [Breivik] schreibt sind großenteils Dinge, die auch in diesem Forum stehen könnten. [...] Wir dürfen uns vor lauter Auf-andere-mit-dem Finger-Zeigen nicht unserer Eigenverantwortung entziehen.«

Dekadenz und neuer Mut
Tatsächlich ist Breiviks Standpunkt, dass die Hauptgefahr für Europa nicht von Muslimen, sondern von den politischen Eliten ausgehen würde, auch in der deutschsprachigen Szene häufig zu vernehmen. Man findet Kommentare wie den folgenden von PI-Nutzer »Saifallah«, in dem es heißt, dass den Islam am »Untergang des Abendlandes« keine Schuld treffe, sondern die Gründe dafür in der eigenen Gesellschaft zu suchen seien: »Moralischer Relativismus, ausufernder Sozialismus, Zwangstoleranz und die Verachtung traditioneller Werte – allen voran der traditionellen Familie – sind keine Paradigmen des Islams – ganz im Gegenteil –, sondern der autochthonen Gesellschaften. Der Islam füllt eine Leere, die wir selbst geschaffen haben. Man kann diesen Zustand auch als spätrömische Dekadenz bezeichnen. Wäre es nicht der Islam, wäre es eine andere Ideologie, die sich in dieser Leere etabliert.«

Die selbstkritischen Ansätze nach den Breivik-Attentaten führten jedoch nicht zu tiefgreifenden Veränderungen in der antiislamischen Szene. Im Gegenteil scheinen viele Aktivisten durch die vermehrte Kritik von außen in ihrem Anliegen bestärkt worden zu sein. Sie sahen sich zu Unrecht mit Breivik in Zusammenhang gebracht und witterten dahinter den Versuch, gegen die Islamkritik vorzugehen. Michael Stürzenberger sprach von einer »Medienjagd«: »Mit einer geradezu abenteuerlichen Fakten- und Realitätsleugnung werden die Menschen, die sachlich fundiert und völlig berechtigt Islamkritik betreiben, in einem regelrechten Propaganda-Feldzug mitverantwortlich für den irren Amokläufer gemacht.«

Drei Jahre nach den Breivik-Anschlägen waren die Folgen in der antiislamischen Szene bereits kaum noch spürbar, als das Aufkommen der *Pegida*-Bewegung im Herbst 2014 die Szene erneut nachhaltig zu verändern begann. Ähnlich wie bei der Sarrazin-Debatte fühlten sich Aktivisten durch *Pegida* und das mediale und gesellschaftliche Echo in ihrem Tun bestätigt. Sie hofften auf Rückenwind für ihre Anliegen, wie Michael Stürzenberger, der zum Jahreswechsel 2014/2015 auf PI verkündete: »Trotz massiver Diffamierungsversuche, gesellschaftlicher Ächtung, beruflichem Mobbing und auch realer Gefährdung gehen in immer mehr Städten die Menschen auf die Straße. Nachdem die Zustände in Deutschland aufgrund der ungebremsten Asylantenflut und der ganz bewusst unterstützten Islamisierung stetig schlimmer werden, wird die *Pegida*-Bewegung weiter anwachsen. Wenn Politik, Medien, Kirchen, Gewerkschaften und Sozialverbände auf ganzer Linie versagen, muss das Volk sein Schicksal selbst in die Hand nehmen.«

In Stürzenbergers dualistischem Weltbild erscheint die antiislamische Bewegung auf dem besten Weg, sich gegen die gesellschaftlichen Eliten durchzusetzen und die politische Oberhand zu gewinnen.

Epiloge in Stuttgart

Dialogversuche

Er wird ausgebuht und ausgepfiffen, scheinbar wurde ihm sogar das Mikrofon abgedreht. Ernst August Röttger ist Kreisvorsitzender der AfD in Lüneburg. Beim Bundesparteitag der AfD in Stuttgart im April und Mai 2016 hatte er sich in der Islamdebatte ans Mikrofon gewagt. »Ich appelliere an alle«, wendet sich Röttger – lila Hemd, schwarzes Sakko, keine Krawatte – an die Parteimitglieder, »geht in Eure muslimischen Gemeinden in Euren Orten und geht in den Dialog. Ich in meinem Kreisverband Lüneburg ...«

Der Rest von Röttgers Appell bleibt unausgesprochen, die AfD lärmt ihn nieder. Dabei bergen gesellschaftliche und persönliche Dialoge große Chancen, um Unverständnis, Vorurteilen und Hass entgegenzuwirken. Wer mehr Muslime persönlich kennt, denkt über sie weniger pauschal. Das haben Studien ergeben, und das gilt ebenso für andere Bevölkerungsgruppen. Das vermeintlich Fremde verliert oft seinen Schrecken, wenn man es kennengelernt hat.

Wie man einen Dialog hingegen nicht führen sollte, haben die AfD-Chefin Frauke Petry und der Vorsitzende des *Zentralrats der Muslime in Deutschland*, Aiman Mazyek, vorgeführt. Ihr Treffen am 23. Mai 2016 – als Geburtstag des Grundgesetzes ein symbolträchtiges Datum – haben sie medienwirksam scheitern lassen. Zunächst reichten sich beide die Hand, der weitere Gesprächsverlauf blieb für die Öffentlichkeit unklar. Sicher ist: Nach einer Stunde brach die AfD-Delegation das Treffen ab. Anschließend machten sich beide Seiten vor Fernsehkameras Vorwürfe, und in den Medien wurde spekuliert, ob eine oder beide Fraktionen das Gespräch, zu dem Mazyek in ein Berliner Hotel eingeladen hatte, von vornherein eskalieren lassen wollten.

Ein Dialog kann dann am besten gelingen, wenn beide Seiten offen für die Perspektive des anderen sind und nicht nur ihre eigene Agenda durchdrücken wollen. An dieser Offenheit hat es Petry und Mazyek augenscheinlich gemangelt. Auch viele antiislamische Aktivisten lassen keinerlei Bereitschaft erkennen, die Scheuklappen ihres Weltbildes einen Moment lang abzulegen, um für andere Perspektiven und Argumente empfänglich zu sein.

Man braucht sich nur die unzähligen Videos im Internet anzuschauen, in denen Michael Stürzenberger mit Muslimen und anderen Kritikerinnen und Kritikern seiner Positionen streitet: Dort findet sich keine Spur von Zuhören und Nachvollziehen – zumeist übrigens auf beiden Seiten. Stattdessen werden die eigenen Wahrheiten unerschütterlich wiederholt. Nur die radikalsten Islamauslegungen sind durch die islamische Theologie zu rechtfertigen, argumentieren Islamgegner wie Stürzenberger. Islamismus wird so zu einer doppelten Herausforderung: zum einen durch islamistische, salafistische und dschihadistische Strömungen, zum anderen durch die antiislamische Szene, die nicht minder extreme Islaminterpretationen verbreitet.

Polarisierungen

Die Studie »Muslime in Deutschland« hat 2007 gezeigt, dass Diskriminierungen zu Radikalisierungen und intoleranten Einstellungen führen können. Das bedeutet in Bezug auf Muslime: Wer sich diskriminiert fühlt, ist möglicherweise empfänglicher für die Botschaften von Salafisten und Dschihadisten. Die Aktivitäten der antiislamischen Szene sind daher in mehrfacher Hinsicht problematisch. Sie können von Muslimen als diskriminierend empfunden werden und so Radikalisierungen auf muslimischer Seite befördern. Zugleich versuchen die Aktivisten, die Bevölkerung von der vermeintlichen Bösartigkeit des Islams zu überzeugen. Sie wirken also darauf hin, muslimische und nicht-muslimische Menschen zu entzweien und gegeneinander aufzubringen.

Folgen sind bereits sichtbar und könnten weiter zunehmen: noch mehr Zulauf für dschihadistische Gruppen, noch mehr Angriffe auf islamische Einrichtungen. Beides ist der antiislamischen Szene nicht allein vorzuwerfen, doch sie trägt unzweifelhaft ihren Teil zu dem entsprechenden gesellschaftlichen Klima bei.

Muslime werden also von zwei Seiten mit fundamentalistischen Auslegungen ihrer Religion konfrontiert: von Islamgegnern und Radikalmuslimen. Beide erhalten in den Medien viel Aufmerksamkeit, was nicht zuletzt Werbung für fundamentalistische Islaminterpretationen bedeutet. Es ist zu befürchten, dass Alltags-, Mainstream- und Reformmuslime irgendwann gar kein Gehör mehr finden, weil die Extreme sie übertönen. Daher ist es wichtig, radikalen Islamauslegungen nicht nur in ihrer innerislamischen Form, sondern auch in der antiislamischen Variante etwas entgegenzusetzen.

Handlungsmöglichkeiten
Es ist elementar, dass Politik, Muslime und andere gesellschaftliche Akteurinnen und Akteure miteinander im Gespräch bleiben. Dabei sollten nicht nur die größeren islamischen Verbände, sondern auch reformorientierte Muslime einbezogen werden. Die islamischen Akteure sind gefordert, ihre Konflikte untereinander zumindest soweit beizulegen, dass es ihnen möglich ist, gesellschaftlich einen Islam zu vertreten, der wirkmächtiger und attraktiver ist als islamistische Weltsichten und sich klar von diesen unterscheidet.

Eine zentrale Rolle kommt dabei der Islamausbildung an Schulen und Hochschulen zu. In Deutschland ausgebildete Imaminnen und Imame sowie islamische Religionslehrerinnen und -lehrer stehen vor der Aufgabe, zeitgemäße und pluralistische Islamauslegungen zu vermitteln und so ein Gegengewicht zum radikalen Islamverständnis zu schaffen. Zugleich sollten Schulen alle Kinder und Jugendlichen über den Pluralismus islamischer Religiosität aufklären. Interreligiöse Bildung ist in einer immer komplexer werdenden Gesellschaft von großer Bedeutung – nicht nur in Bezug auf den Islam. Dabei ist auch die Vermittlung von Medienkompetenzen unerlässlich, damit heranwachsende Menschen in der Lage sind, Informationen kritisch zu hinterfragen und nicht auf Propaganda hereinfallen.

Wenn Jugendliche und Erwachsene hingegen in extreme Milieus geraten, ist es Aufgabe von Politik und Wissenschaft, die Ursachen dafür zu ermitteln und wirksame Gegenstrategien zu entwickeln. Politikerinnen und Politiker der etablierten Parteien sollten dabei nicht den Fehler machen, auf den antiislamischen Zug aufzuspringen. Diese Tendenz ist m. E. nach vor allem in Teilen der Union erkennbar. Was kurzfristig Wählerstimmen zu versprechen scheint, vergiftet tatsächlich das gesellschaftliche Klima immer weiter und führt so zu noch mehr Problemen. Es macht in meinen Augen politisch keinen Sinn, reaktionäre Bewegungen wie Salafismus und Dschihadismus durch eine andere reaktionäre Bewegung, die antiislamische, zu bekämpfen, denn beide hetzen Menschen gegeneinander auf.

Auch die Medien sollten ihre Rolle in der Verbreitung von Islamstereotypen selbstkritisch überdenken. Unzweifelhaft ist es ihre Aufgabe, über politische, religiöse oder soziale Gefahren zu berichten. Deutsche Medien bringen den Islam jedoch überwiegend mit negativen Themen in Verbindung und sollten sich fragen, inwieweit sie dschihadistische und antiislamische Radikalisierungen dadurch weiter fördern. Indem sie dem Pluralismus der islamischen Strömungen und Lebenswelten mehr Platz einräumen, könnten Medien zur Deradikalisierung der Islamdebatten beitragen.

Versuchsdialog

An der Verbesserung des gesellschaftlichen Klimas kann sich auch jede und jeder Einzelne beteiligen. Im gesellschaftlichen Dialog sind alle gefordert. Was dadurch möglich ist, zeigt ein Treffen zwischen AfD-Chef Jörg Meuthen und dem Imam Mohammad Dawood Majoka in der *Qamar-Moschee* bei Stuttgart. Im Gegensatz zur gescheiterten Verabredung von Petry und Mazyek war diese Zusammenkunft medial kaum beachtet worden – vielleicht, weil sie nicht so konfliktträchtig verlief. Auf Initiative des Magazins *Focus*, das das Treffen auch dokumentierte, kamen Meuthen und Majoka Anfang Mai 2016 zusammen, kurz nachdem die AfD ihren Anti-Islam-Kurs beschlossen hatte.

Der Wirtschaftswissenschaftler und gläubige Katholik Meuthen sagt, er habe zuvor noch nie eine Moschee betreten. Majoka ist Informatiker und gehört der Ahmadiyya an, einer vergleichsweise jungen Minderheit innerhalb des Islams. Die beiden Männer treffen sich in dem minarettlosen Gotteshaus, reichen sich die Hände und setzen sich, so schildert es der *Focus*, in Socken auf einen »riesigen geknüpften Teppich in der Mitte des Gebetsraums«. Das Gespräch beginnt mit der richtigen Sitzhaltung, dann geht es um den Glauben der Ahmadiyya, Loyalität gegenüber dem Staat und muslimische Schulfreunde von Meuthens Tochter. Beide Männer sind sich einig, dass Moscheegemeinden nicht aus Saudi-Arabien oder Katar finanziert werden sollten.

Aber es ist auch ein Streitgespräch. Majoka wirft Meuthen vor, die AfD würde alle Muslime unter Generalverdacht stellen: »Meine Sorge ist, dass Sie durch Ihre Politik die bislang friedliebenden Muslime verprellen, indem Sie ihre religiösen Symbole verbieten und sie ausgrenzen. So werden sie leichter für Extremisten erreichbar.« Meuthen weist das von sich, zumal eine solche Haltung, darüber ist sich der AfD-Chef anscheinend im Klaren, »Desintegration« befördern würde: »Das wäre ganz fürchterlich und würde in schrecklichen Zuständen enden, weil es Menschen in eine Radikalisierung treibt.«

Es ist ein offeneres Gespräch mit klaren Worten, in dem beide Seiten die Ansichten des anderen wahrnehmen. Das Treffen endet laut dem *Focus* »fröhlich, es wird gescherzt und gelacht«. Meuthen gesteht dem

Imam, dass er ihn »hochsympathisch« findet: »Mit Gemeinden wie der Ihren habe ich kein Problem. Wenn der gesamte Islam so wäre, bräuchten wir diesen einen Satz – ›Der Islam gehört nicht zu Deutschland‹ – nicht im Parteiprogramm. Aber das ist nicht die Realität.«

Denn die antiislamische Wahrheit ist eine andere, aber die persönliche Begegnung der beiden Männer konnte sie zumindest ein wenig ins Wanken bringen.

Literaturempfehlungen

Überblickswerke

Patrick Bahners: *Die Panikmacher. Die deutsche Angst vor dem Islam*, München 2011.

Daniel Bax: *Angst ums Abendland. Warum wir uns nicht vor Muslimen, sondern vor Islamfeinden fürchten sollten*, Frankfurt am Main 2015.

Wolfgang Benz: *Die Feinde aus dem Morgenland. Wie die Angst vor den Muslimen unsere Demokratie gefährdet*, München 2012.

Michael Thumann: *Der Islam-Irrtum. Europas Angst vor der muslimischen Welt*, Frankfurt am Main 2011.

Wissenschaftliche Veröffentlichungen

Iman Attia: *Die »westliche Kultur« und ihr Anderes. Zur Dekonstruktion von Orientalismus und antimuslimischem Rassismus*, Bielefeld 2009.

Farid Hafez (Hg.): *Jahrbuch für Islamophobieforschung*, Wien/Innsbruck. Erscheint jährlich seit 2010.

Thorsten Gerald Schneiders (Hg.): *Verhärtete Fronten. Der schwere Weg zu einer vernünftigen Islamkritik*, Wiesbaden 2012.

Ders. (Hg.): *Islamverherrlichung. Wenn die Kritik zum Tabu wird*, Wiesbaden 2010.

Ders. (Hg.): *Islamfeindlichkeit. Wenn die Grenzen der Kritik verschwimmen*, Wiesbaden 2009.

Yasemin Shooman: *»... weil ihre Kultur so ist« - Narrative des antimuslimischen Rassismus*, Bielefeld 2014.

Dank

Danken möchte ich allen Menschen, die an diesem Buch und den zugrundeliegenden Forschungen mitgewirkt haben. Sie sind zu finden an der Religionswissenschaft der Universität Göttingen: Arvid Deppe, Prof. Dr. Andreas Grünschloß, Melanie Hallensleben, PD Dr. Fritz Heinrich, Nina Käsehage, Dr. Udo Mischek, Dr. Jonas Richter, Prof. Dr. Ilinca Tanaseanu-Döbler, Prof. Dr. Katja Triplett, Christine Völker, Thorsten Wettich u. a.; beim *Gütersloher Verlagshaus*, dort insbesondere Christel Gehrmann, Susanne Myller und Thomas Schmitz; und in meinem Freundeskreis: u. a. Bastian, Insa, Julia, Martin und Nils. Mein größter Dank gilt meinen Eltern, meinem Bruder und Leonie.

Für alle Lebensliebhaber bietet das Gütersloher Verlagshaus Durchblick, Sinn und Zuversicht. Wir verbinden die Freude am Leben mit der Vision einer neuen Welt.

UNSERE VISION EINER NEUEN WELT

Die Welt, in der wir leben, verstehen.

Wir sehen Menschlichkeit als Basis des Miteinanders:
Mitgefühl, Fürsorge und Beteiligung lassen niemanden verloren gehen. Wir stehen für gelingende Gemeinschaft statt individueller Glücksmaximierung auf Kosten anderer.

Wir leben in einer neugierigen Welt:
Sie sucht ehrgeizig und mitfühlend Lösungen für die Fragen unseres Lebens und unserer Zukunft. Wir fragen nach neuem Wissen und drücken uns nicht vor unbequemen Wahrheiten – auch wenn sie uns etwas kosten.

Wir leben in einer Gesellschaft der offenen Arme:
Toleranz und Vielfalt bereichern unser Leben. Wir wissen, wer wir sind und wofür wir stehen. Deshalb haben wir keine Angst vor unterschiedlichen Weltanschauungen.

Das Warum und Wofür unseres Lebens finden.

Wir helfen einander, uns selber besser zu verstehen:
Viele Menschen werden sich erst dann in ihrem Leben zuhause fühlen, wenn sie den eigenen Wesenskern entdecken – und Sinn in ihrem Leben finden.

Wir ermutigen Menschen, zu ihrer Lebensgeschichte zu stehen:
In den Stürmen des Alltags geben wir Halt und Orientierung. So können sich Menschen mit ihren Grenzen aussöhnen und zuversichtlich ihr Leben gestalten.

Wir haben den Mut, Vertrautes hinter uns zu lassen:
Neugierde ist die Triebfeder eines gelingenden Lebens. Wir wagen Neues, um reich an Erfahrung zu werden.

Erfahren, was uns im Leben trägt und erfreut.

Wir glauben an die Vision des Christentums:
Die Seligpreisungen der Bergpredigt lassen uns nach einer neuen Welt streben, in der Vereinsamte Zuwendung, Vertriebene Zuflucht, Trauernde Trost finden – und Gerechtigkeit, Barmherzigkeit und Frieden herrschen.

Wir geben Menschen die Möglichkeit, den Glauben (neu) zu entdecken:
Persönliche Spiritualität gibt Kraft, spendet Trost und fördert die Achtung vor der Schöpfung sowie die Freude am Leben.

Wir stehen mit Respekt vor der Glaubenserfahrung anderer:
Wissen fördert Dialog und Verständnis, schützt vor Fundamentalismus und Hass. Wir wollen die Schätze anderer Religionen kennenlernen, verstehen und respektieren.

GÜTERSDIE
LOHERVISION
VERLAGSEINER
HAUSNEUENWELT

Bibliografische Information der Deutschen Nationalbibliothek

Die Deutsche Nationalbibliothek verzeichnet diese Publikation
in der Deutschen Nationalbibliografie; detaillierte bibliografische
Daten sind im Internet über https://portal.dnb.de abrufbar.

 Verlagsgruppe Random House FSC® N001967

1. Auflage
Copyright © 2017 Gütersloher Verlagshaus, Gütersloh,
in der Verlagsgruppe Random House GmbH,
Neumarkter Str. 28, 81673 München

Der Verlag weist ausdrücklich darauf hin, dass im Text
enthaltene externe Links vom Verlag nur bis zum Zeitpunkt
der Buchveröffentlichung eingesehen werden konnten.
Auf spätere Veränderungen hat der Verlag keinerlei Einfluss.
Eine Haftung des Verlags ist daher ausgeschlossen.

Umschlaggestaltung: Gute Botschafter GmbH, Haltern am See
Druck und Bindung: Friedrich Pustet GmbH & Co. KG, Regensburg
Printed in Germany
ISBN 978-3-579-08654-5

www.gtvh.de